LE
PARTI SOCIALISTE

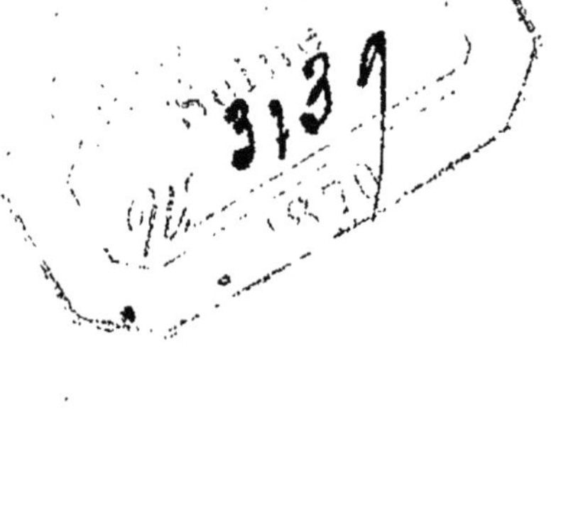

11264 — IMPRIMERIE GÉNÉRALE DE CH. LAHURE
Rue de Fleurus, 9, à Paris

LE PARTI SOCIALISTE

PAR

A. VERMOREL

Prix : 3 francs

EN VENTE :

CHEZ A. PANIS, ÉDITEUR
15, BOULEVARD MONTMARTRE

ET A LA LIBRAIRIE INTERNATIONALE
15, BOULEVARD MONTMARTRE

PARIS

PRÉFACE

La situation politique actuelle de la France appelle les plus graves réflexions.

Il n'y a plus de partis, et, ce qui est pire, il n'y a plus de principes, il n'y a plus de doctrines.

L'opposition, le gouvernement, sont dans un complet désarroi.

Le gouvernement s'est livré à l'opposition, et l'opposition s'est livrée au gouvernement : dans tous les camps règne la plus grande confusion.

Depuis que la politique mène le monde, elle l'a fait passer par bien des épreuves, par bien des péripéties, par bien des surprises ; mais jamais rien de pareil ne s'est vu.

Ce n'est pas une situation, c'est le gâchis.

C'est pire que le gâchis, c'est la décomposition.

L'esprit public, qui avait déjà si peu de ressort depuis vingt ans, achève de se démoraliser à ce spectacle. Ceux qui croyaient à la force du gouvernement, ceux qui croyaient à la sincérité de l'opposition, ceux qui avaient foi dans l'autorité, ceux qui avaient foi dans la liberté, ne savent plus que penser.

L'Union libérale pouvait être un programme : ce n'était qu'un mot, le mot d'ordre d'une coalition d'ambitions sans principes aucuns.

Il n'y a plus d'illusions à se faire aujourd'hui.

Le parti libéral est parvenu au pouvoir,

l'Union libérale est devenue l'Union gouvernementale.

Qu'y a-t-il de changé au fond des choses ? Rien.

Avons-nous davantage la liberté? Non.

Les intérêts ont-ils du moins une sécurité plus grande? Nullement.

La vérité est que nous avons perdu en France l'intelligence et le sentiment de la liberté.

Nous sommes restés dix-huit ans dans le silence et dans la nuit, et notre éducation politique est à refaire tout entière.

Nous nous étions confiés naïvement, pour guider notre inexpérience et pour nous conduire à la liberté, à des hommes qui ont indignement trompé notre confiance.

Il n'y a rien dans cette trahison ou dans cette défaillance qui doive surprendre ceux qui savent quelles circonstances précédèrent et amenèrent le second Empire ; ceux qui savent ce que furent les hommes de 1848 et de 1851, les hommes de la république honnête et modérée et les hommes de la rue de Poitiers ; ceux qui savent quelle part de complicité directe ou indirecte, consciente ou inconsciente, eurent dans le coup d'État les hommes placés aujourd'hui à la tête du mouvement démocratique et libéral.

Prévoyant ce qui arrive, nous avions tâché, à la veille des dernières élections, de rappeler ces enseignements de l'histoire contemporaine[1]. On nous accusa alors de jeter la division dans le parti. Les événements ne sont que trop tôt venus donner raison à nos tristes prévisions et justifier notre solennel avertissement.

Mais il ne s'agit plus aujourd'hui de vaines

1. Voir nos deux ouvrages publiés au commencement de l'année 1869 : *les Hommes de* 1848 et *les Hommes de* 1851.

récriminations, ni de lamentations stériles, ni de dissertations oiseuses sur la situation.

Il faut nous recueillir et aviser.

Il faut tracer un programme nouveau qui serve de point de ralliement à tous ceux qui veulent sérieusement la liberté, parce qu'elle est la condition indispensable du développement des individus et de la prospérité des peuples.

Le parti libéral est mort, il s'est suicidé.

Il cède ainsi lui-même la place au parti socialiste qu'il a poursuivi si longtemps de ses persécutions et de ses calomnies.

Les socialistes se distinguent des partis purement politiques en ce que, pour eux, la liberté n'est pas le but, elle n'est que le moyen : — le moyen de réaliser le bien-être universel en faisant disparaître du monde l'ignorance et la misère, et en substituant l'harmonie sociale aux antagonismes de l'état actuel.

Mais c'est pour cela aussi qu'ils veulent la liberté entière, complète et effective, parce qu'elle est l'élément indispensable de leur action; tandis que beaucoup de politiques ne sont que des pêcheurs en eau trouble, qui parlent bien haut et à tout propos de liberté, mais qui cherchent simplement à se faire une position et à prendre la place de ces gouvernements et de ces ministres qu'ils poursuivent de leur opposition farouche.

Nous allons essayer de résumer, avec netteté et précision, le programme du parti socialiste, en indiquant : ce que c'est enfin que la liberté; quelles sont les conditions de son établissement; et quelles applications il convient d'en faire pour réformer les abus de la société et instituer le règne de la justice dans le monde.

Nous croyons que le moment est propice pour cette exposition, et nous pensons pouvoir compter sur l'attention de tous les citoyens dignes de ce nom, de tous ceux qui ont à cœur les intérêts de la chose publique, et qui sentent que le terrain sur lequel ils avaient cru pouvoir s'appuyer jusqu'ici manque sous leurs pieds.

Nous espérons que tous les hommes désintéressés et de bonne foi se rallieront au programme du parti socialiste, comme ils se sont ralliés autrefois au programme du parti libéral.

Nous voulons la liberté, et par la liberté, la réalisation du bien-être universel.

On peut différer sur les détails et les applications, mais tout le monde sera certainement d'accord avec nous sur le moyen et sur le but.

10 mars 1870.

LE PARTI SOCIALISTE

LIVRE PREMIER

CONDITIONS DE L'ÉTABLISSEMENT DE LA LIBERTÉ

CHAPITRE PREMIER

Caractère vague et équivoque de l'Union libérale.

Nous pouvons nous rendre ce témoignage d'avoir dès le premier jour dénoncé le piége de l'union libérale.

Nous écrivions le 21 septembre 1868[1] :

« Un journal hebdomadaire, dirigé par trois honorables députés de la gauche, l'*Électeur*, cite

1. *Lettres de Sainte-Pélagie*, publiées dans la *Liberté*.

avec une grande admiration la phrase suivante extraite des *Mémoires de Malouet* :

« Le parti populaire (en 1789) eut l'art ou la sagesse dans le commencement, de se présenter en masse. IL RÉDUISIT LA QUESTION AU PLUS SIMPLE TERME : *Nous voulons la liberté!* Et à cette parole qui fut bientôt consacrée, des millions de voix répondirent dans les clubs, dans les carrefours : *Nous la voulons!* Voilà toute la force, toute la magie de la Révolution. Il n'y a pas eu d'autre conjuration. »

L'*Électeur* ajoute :

« *Réduire la question au plus simple terme*, c'est encore aujourd'hui la seule tactique raisonnable, et c'est, comme en 89, la revendication de la liberté qui doit être l'UNIQUE mot d'ordre de tous ceux qui veulent arracher la France à l'arbitraire. »

« Non, non, ce simple terme ne suffit pas. Il faut encore, et avant tout, bien s'entendre sur la signification à donner à ce mot de LIBERTÉ. C'est comme cela, avec les programmes mal définis, avec les malentendus entretenus à dessein, que l'on en arrive aux révolutions avortées.

« A quoi donc finalement a abouti la révolution de 1789? Au renversement du trône de Louis XVI, oui. Mais ensuite? A la folie furieuse de la Terreur, où la révolution, suivant le mot tristement prophétique de Vergniaud, dévora ses enfants; à la décomposition politique, sociale et morale du Directoire; au despotisme militaire de l'Empire, et enfin à la restauration des Bourbons dans des conditions telles que l'on peut encore aujourd'hui se demander s'il n'eût pas mieux valu cent fois conserver quelques années de plus Louis XVI, en révolutionnant la royauté, comme le voulait Mirabeau, afin d'arriver à en finir avec elle d'une façon définitive.

« En 1848, l'opposition avait un programme déterminé : la réforme électorale, et elle obtint un résultat positif : le suffrage universel. Mais quand l'enthousiasme populaire proclama la République, la République avorta, parce que ce n'était qu'un mot, et qu'il n'y avait pas de programme républicain suffisamment élaboré.

« Pareillement, il ne suffit pas aujourd'hui de proclamer la liberté, qui n'est qu'un mot; il faut formuler un programme libéral qui contienne autre chose que des déclarations générales, telles que : Liberté de la presse ou droit de réunion, mais qui énonce des garanties réelles et sérieuses, plus sérieuses par exemple que celle de la responsabilité des ministres.

« Si l'on parvenait à s'entendre sur ces points

essentiels : séparation de l'Église et de l'État, séparation de la justice et de l'État, suppresion des armées permanentes, ou même sur l'un seulement de ces points, l'Union libérale alors aurait une véritable portée politique et donnerait des gages sérieux à la cause du progrès.

« Mais on est bien loin de s'entendre. M. Thiers, qui est l'un des chefs de l'Union libérale, veut-il que l'on change rien à l'organisation de l'armée? Non ; il l'a déclaré en toute occasion. Veut-il abolir le budget des cultes, lui qui est un catholique du lendemain, et qui s'est prononcé pour le maintien de l'occupation romaine? Veut-il davantage remettre la désignation des juges à l'élection? Est-il seulement un partisan sincère du suffrage universel, lui qui fut un des promoteurs de la loi du 31 mai?

« Mais alors, quel est donc le programme politique de l'Union libérale?

« Ce sont ces équivoques qui ont toujours tout perdu en France, et qui ont rendu stériles tous les efforts de l'action politique. Nos pères de 89 n'étaient pas tombés dans ce piége. Ne calomnions pas la révolution, fût-ce sur la foi de Malouet.

« Ce qui fait que l'invocation répétée des principes de 1789, sous laquelle se sont placées toutes nos constitutions successives, jusques et y compris la Constitution de 1852, n'a rien signifié, c'est que toujours on a supposé que ces principes consistaient uniquement en cette vague déclaration de libertés limitées par les lois inscrites en tête de la Constitution de 1791.

« Les inconvénients d'une déclaration aussi générale n'avaient point échappé aux constituants, et Buzot, dans la séance du 8 août 1791, présentait à ce sujet des observations remarquables :

« Il ne suffit pas de dire que la Constitution garantit les droits civils et naturels, il faut que l'on connaisse comment elle les garantit. La Constitution, en disant qu'elle garantit aux citoyens les droits civils et naturels, doit, en effet, les garantir ; si elle ne les garantit que par la loi, elle ne fait que donner des droits politiques et non point des droits civils.... Il n'est rien qui puisse protéger un citoyen contre les atteintes de la législature ou du pouvoir exécutif.

« Examinez le titre que je discute ; vous verrez, non pas que la Constitution me garantit des droits, mais que la Constitution prescrit que la loi me les garantira. Eh bien ! alors, ce n'est donc point la liberté civile que votre Constitution me promet, mais seulement des droits politiques, puisque vous renvoyez aux législatures jusqu'aux atteintes que l'on pourrait y porter. Si vous l'avez entendu ainsi, *je dis que votre titre est absolument inutile*, car, en me conservant mes droits politiques, la loi, dans tous les temps, me protégera *comme les législateurs le jugeront à propos*. Mais si, au contraire, ne suivant que les termes de votre Constitution, vous promettez que votre Constitution me garantira, alors il faut que vous me donniez à moi-même des moyens rassurants de garantie, et je n'en vois pas....

« Si les législatures à venir, se coalisant peut-être contre la liberté publique, profitaient de quelques circonstances malheureuses pour porter atteinte elles-mêmes à la liberté de la presse par exemple, elles ne manqueraient pas de prétextes. Avez-vous quelque édit de nos rois dont le préambule ne présente quelque idée de justice et d'équité? Et n'est-ce pas toujours au nom même de la liberté qu'on a opprimé la liberté? »

« Nous pouvons apprécier aujourd'hui toute l'importance de ces critiques de Buzot, mieux que n'étaient capables de le faire les contemporains, qui ne supposaient pas que l'on pourrait un jour séparer les déclarations de la Constitution des institutions qu'elle consacrait et qui étaient la véritable garantie des libertés proclamées. »

CHAPITRE II

Le gouvernement parlementaire ou représentatif.

Le point de départ de tous les préjugés, de tous les sophismes, de toutes les erreurs, de toutes les hérésies, de tous les malentendus, est dans cette définition de la liberté, qui est en quelque sorte devenue classique :

Il faut, dit-on, distinguer la liberté politique et la liberté civile. La liberté politique consiste dans le droit reconnu à tout citoyen de concourir, soit par lui-même, soit par ses représentants, à la formation de la loi. La liberté civile consiste dans le droit de faire tout ce qui n'est pas défendu par la loi.

Ainsi la loi est la régulatrice suprême de la liberté.

La loi est en même temps considérée comme étant la garantie de la liberté. Un peuple libre est un peuple qui n'obéit qu'aux lois qu'il a faites lui-même.

C'est là un préjugé fort ancien, mais contre lequel nous prémunissait Mirabeau, déjà en 1772, dans son *Essai sur le despotisme*, en formulant cette grande vérité que les lois positives sont les pires ennemies de la loi naturelle, qui est la vraie charte de la liberté humaine[1]; et il émettait cette pensée profonde : « Les hommes forgèrent leurs chaînes en établissant leurs législations. »

Ainsi donc ce qu'on appelle liberté, dans le lan-

1. « La nature, » disait Mirabeau, « est une parfaite législatrice, ou plutôt elle est la seule.... Loin de rechercher et de développer cette loi naturelle, aussi essentiellement existante que le soleil qui nous éclaire et qui féconde le globe que nous habitons, les législateurs, semblables à ces hommes qui adoraient les ouvrages de leurs mains, ont osé croire qu'il était en leur pouvoir de créer des lois pour l'homme.... Que n'entreprenaient-ils aussi de reculer ou d'avancer à leur gré les saisons? »

Un des esprits les plus distingués de ce siècle, Charles Comte, — qu'il ne faut pas confondre avec l'illustre auteur de la philosophie positive, Auguste Comte, — a consacré tout un savant ouvrage à développer cette pensée si profonde de Mirabeau. Charles Comte dans son *Traité des législations* établit que tous les procédés employés jusqu'ici pour rédiger les lois sont plus ou moins défectueux, parce qu'ils reposent tous nécessairement sur un arbitraire plus ou moins dissimulé ou tempéré. Il faut renoncer à faire les lois, il faut travailler à les découvrir; c'est-à-dire il faut *rechercher la loi naturelle.*

gage politique, c'est le droit de faire des lois, c'est-à-dire d'enchaîner la liberté.

Le plus grand privilége dont puisse jouir un peuple est celui d'être admis à forger lui-même ses propres chaînes.

Toutes les luttes pour la liberté n'ont pas eu dans le passé et n'ont pas encore d'autre objet que la question de savoir à qui appartiendra le pouvoir, c'est-à-dire l'arbitraire législatif.

C'est à cette préoccupation que répond le mécanisme du gouvernement parlementaire, présenté comme la formule la plus satisfaisante de la liberté politique.

Tout le progrès que réalise la démocratie avec son instrument, le suffrage universel, c'est de substituer l'arbitraire des majorités sur les minorités à l'arbitraire des minorités sur les majorités.

Tous les systèmes politiques n'ont fait jusqu'ici que déplacer l'arbitraire gouvernemental.

Mais où donc est la part faite à la liberté dans tous ces systèmes ? Il s'agit toujours pour le peuple de savoir à quelle sauce il sera mangé, et c'est pour lui une médiocre consolation que la faculté de choisir lui-même la cuisine et les cuisiniers.

Au lendemain de la révolution de 1848, Proudhon signalait cet écueil sur lequel venait fatalement échouer la république :

« L'illusion de la démocratie provient de ce qu'à l'exemple de la monarchie constitutionnelle, elle prétend organiser le gouvernement par voie représentative.... Au lieu de dire, comme M. Thiers : *Le roi règne et ne gouverne pas*, la démocratie dit : *Le peuple règne et ne gouverne pas*, ce qui est nier la révolution.

« Lors donc qu'à une monarchie représentative, on parle aujourd'hui de substituer une démocratie représentative, on ne fait pas autre chose que changer la phrase : *Belle marquise, vos beaux yeux me font mourir d'amour*, en cette autre : *Vos beaux yeux, belle marquise, mourir d'amour me font*[1]. »

Et Proudhon avec beaucoup d'autorité établissait la différence qui existe entre la démocratie et la république : la république étant le gouvernement du peuple par le peuple, et non par une représentation du peuple.

La même différence existe entre la liberté et le gouvernement parlementaire ou représentatif. Ces deux mots ne sont donc pas des mots synonymes et équivalents comme on voudrait nous le faire croire. Ils expriment au contraire deux idées contradictoires.

1. *Solution du problème social.* Tome VI des *OEuvres complètes*, édit. de la Librairie Internationale.

Rousseau n'écrivait-il pas dans son *Contrat social:* « La liberté finit où commence la représentation? »

Si nous voulons arriver à la réalisation de la liberté, il nous faut donc à tout prix sortir de ce cercle vicieux du gouvernement représentatif.

Cette fausse notion est la véritable cause de toutes nos déceptions. Et ces déceptions ne sont pas près de finir, car nos hommes politiques persistent dans leur préjugé.

Pour eux la revendication de la liberté n'est pas autre chose que la revendication du pouvoir et ils y tiennent.

C'est ainsi que M. Jules Favre et ses collègues de la gauche croient atteindre les dernières limites du radicalisme en demandant que le pouvoir constituant soit attribué au Corps législatif[1].

1. Dans la séance du Corps législatif, du 9 mars dernier, M. Émile Ollivier, discutant avec M. Jules Favre, disait : « Qu'est-ce que la liberté? en quoi consiste-t-elle? Je répondrai en citant à mon éminent collègue une autorité qu'il invoque souvent, celle de Montesquieu, qui a dit : *La liberté, c'est le droit de faire ce que les lois permettent.* »

A quoi M. Jules Favre répliquait : « Quel que soit le respect que m'inspire le grand nom sous l'autorité duquel M. le garde des sceaux a placé ses dernières paroles, il m'est impossible d'accepter cette définition sans restriction et sans commentaire. La liberté est le droit de faire ce que la loi permet, à condition que la loi émane d'une liberté complète, à condition qu'*à raison même de*

Et c'est pour cela qu'ils mettent la liberté électorale au-dessus de tout.

Mais comment l'entendent-ils ?

S'ils récriminent si fort contre les candidatures officielles, ce n'est pas parce qu'ils veulent que les électeurs soient libres de toute influence, mais parce qu'ils veulent substituer leur influence à celle du gouvernement.

La candidature officielle n'est qu'un obstacle extrinsèque à la liberté électorale.

L'obstacle intrinsèque, c'est l'ignorance des électeurs.

Si l'on voulait vraiment assurer le règne de la liberté électorale, il faudrait se préoccuper avant tout des moyens d'affranchir l'électeur de cette ignorance ; et, à ce point de vue, la liberté électorale ne se distingue pas des autres libertés.

Tant que les électeurs des campagnes resteront livrés à leur ignorance, il n'y aura pas de liberté électorale. Si ce n'est pas l'influence administrative

la constitution des pouvoirs, la loi ne soit pas exposée à favoriser l'iniquité ou l'oppression. »

On voit que c'est bien là que gît le nœud de la question. Pour M. Jules Favre, comme pour tous les libéraux et pour la plupart des démocrates, la question de la liberté n'est pas autre chose que la question de la *constitution des pouvoirs*. C'est l'erreur essentielle que, suivant nous, il s'agit de réfuter.

qui dirige les élections, ce sera une autre influence, plus pernicieuse encore peut-être, celle du clergé par exemple.

Il est bien entendu que tout acte de pression administrative, de corruption, de fraude ou de violence doit être réprouvé et sévèrement puni. Mais en interdisant même la recommandation gouvernementale, est-ce que les libéraux du Corps législatif n'ont pas dépassé le but ?

La recommandation gouvernementale est un droit ; en beaucoup de circonstances elle peut être un devoir. Loin de gêner les adversaires, elle a cet avantage au contraire d'établir d'une façon nette et précise le caractère de la lutte.

Est-ce que ce n'est pas la candidature officielle qui a servi à rendre manifeste la défaite du gouvernement personnel ?

Si ceux qui réclament la liberté électorale, au lieu de poursuivre le moyen d'assurer leur élection et celle de leurs amis, poursuivaient vraiment le moyen d'assurer l'indépendance et l'influence légitime des électeurs, ils devraient avant tout se préoccuper d'établir des relations étroites et directes entre les mandants et les mandataires.

Mais, au contraire, ils veulent par l'établissement du scrutin de liste rompre tout lien entre les députés et leurs électeurs [1], et ils repoussent de toutes leurs forces, frappent de tous leurs anathèmes le mandat impératif.

Le mandat impératif serait le seul moyen cependant de réaliser dans une certaine mesure la liberté par le système représentatif. Il ne s'agirait que de trouver un procédé électoral d'après lequel le représentant soit bien le mandataire de tous ses électeurs et soit avec eux en rapports assez directs pour qu'il n'y ait pas à craindre qu'une minorité veuille lui imposer ses volontés.

C'est ce dont se sont préoccupés tous ceux qui ont vraiment recherché la garantie de la liberté dans le fonctionnement du gouvernement repré-

1. On sait qu'une des principales réformes que réclament les députés de la gauche, dans le projet de loi électorale longuement et soigneusement élaboré par MM. Gambetta et Jules Ferry, c'est le rétablissement du scrutin de liste. L'intention principale qui anime, en cela, les auteurs du projet, est de soustraire les députés à l'influence directe des électeurs, au mandat impératif, réprouvé formellement comme on sait par tous les députés de la gauche. Cette intention est expressément avouée par un de leurs amis, candidat aux dernières élections de Paris, M. Henri Brisson, qui écrivait dans l'*Avenir National*, pour justifier le rétablissement du scrutin de liste : « Le principe du député unique par circonscription ne se peut justifier que par l'intention de créer entre l'électeur et l'élu des relations directes et très-étroites.... » Oui, les plus étroites possible ! C'est là le nœud du dissentiment entre le parti libéral et le parti socialiste. Voilà pourquoi le point était utile à bien préciser.

sentatif, et c'est à cette préoccupation que répond la grave question de la représentation des minorités, reconnue par tous les esprits judicieux et de bonne foi, comme la condition essentielle sans laquelle le gouvernement représentatif n'existe pas dans des conditions de sincérité.

La question a été posée avec une grande netteté par l'un des publicistes les plus éminents de l'Angleterre contemporaine, M. Stuart Mill, qui a consacré au *Gouvernement représentatif* un de ses plus importants ouvrages :

« Dans une démocratie réellement égale, dit-il, tout parti, quel qu'il soit, serait représenté dans une proportion non pas supérieure, mais identique à ce qu'il est. Une majorité d'électeurs devrait toujours avoir une majorité de représentants; mais une minorité d'électeurs devrait toujours avoir une minorité de représentants. Homme pour homme, la minorité devrait être représentée aussi complétement que la majorité.

« Sans cela, il n'y a pas d'égalité dans le gouvernement, mais bien inégalité et privilége; une partie du peuple gouverne le reste : il y a une portion à qui l'on refuse la part d'influence qui lui revient de droit dans la représentation, et cela contre toute justice sociale et surtout contre le principe de la démocratie qui proclame l'égalité comme étant sa racine même et son fondement. »

Ces principes entraînent pour conséquence nécessaire le mandat impératif.

Pour que le parti qui l'a élu soit réellement représenté, il importe que le représentant soit l'interprète le plus fidèle possible des sentiments et des opinions de ses commettants.

Cela est si essentiel que dans les circonstances graves les électeurs doivent rédiger des instructions écrites qui expriment d'une façon nette et formelle leur volonté. Tels furent les cahiers des États-Généraux de 1789, et si les États-Généraux furent si forts qu'ils parvinrent à se transformer en Assemblée constituante et à imposer un changement politique radical, c'était précisément parce que leurs membres s'appuyaient sur le mandat impératif de leurs commettants.

La répudiation du mandat impératif est la négation la plus impudente de la liberté politique, en même temps que c'est le renversement des notions les plus élémentaires du bon sens et du droit.

D'une part, la délégation faite par le peuple de la souveraineté dont il est investi, ne peut être considérée comme une aliénation de cette souveraineté. Le peuple nomme des représentants et il ne consent pas à se donner des maîtres.

Les pouvoirs de ses représentants doivent donc être expressément limités et entraîner, pour ceux qui en sont investis, une responsabilité effective.

Entre les électeurs et l'élu intervient un contrat dont le caractère est suffisamment spécifié par l'expression de *mandat* qui l'exprime.

Tout mandat est impératif.

La prétention d'un mandataire de ne relever que de sa conscience est inadmissible, et ne serait pas soutenable en toute autre matière qu'en matière politique.

Tout mandataire doit à ses mandants un compte exact et rigoureux de l'exécution de son mandat : c'est un principe élémentaire.

En droit civil, ce serait chose monstrueuse que le mandant eût moins d'autorité que le mandataire. En politique, le mandataire devient juge et arbitre souverain des intérêts de ses commettants.

Quant à la durée du mandat, révocable à volonté en droit civil, elle est, en politique, indépendante de la volonté de l'électeur.

Un tel système est le renversement de toutes les notions du droit. Mais le gouvernement représentatif, si perfectionné et tempéré qu'on veuille le supposer par la représentation équitable des minorités, repose toujours sur le sacrifice nécessaire des minorités aux majorités.

C'est là son vice essentiel, et ce vice est absolument irrémédiable.

Voilà pourquoi, quel que puisse être d'ailleurs son mérite, il ne saurait avoir rien de commun avec la liberté.

Il importe, au contraire, de constituer la liberté en dehors de lui, afin qu'elle puisse nous fournir contre ses inconvénients et ses abus inévitables des garanties efficaces et sérieuses.

La grande question pour nos hommes politiques qui aspirent à devenir nos gouvernants, c'est la question du pouvoir constituant.

Mais la grande question pour nous, les gouvernés, c'est la question de l'établissement de la liberté.

Et ce sont là deux questions qu'il importe de ne pas confondre.

CHAPITRE III

Qu'est-ce donc que la liberté?

Condorcet a écrit ces lignes remarquables qui nous paraissent très-bien résumer les critiques auxquelles nous venons de nous livrer et poser très-nettement la question :

« Les hommes ont tellement pris l'habitude d'obéir à d'autres hommes que la liberté est, pour la plupart d'entre eux, le droit de n'être soumis qu'à des maîtres choisis par eux-mêmes. Leurs idées ne vont pas plus loin, et c'est là que s'arrête le faible sentiment de leur indépendance. Ce nom même de *pouvoir* donné à toutes les fonctions publiques atteste cette vérité.

« Presque partout cette demi-liberté est accompagnée d'orages; alors on les attribue à l'abus de la liberté, et l'on ne voit pas qu'ils naissent précisément de ce que la liberté n'est pas entière; on cherche à lui donner de nouvelles chaînes, lorsqu'il faudrait songer au contraire à briser celles qui lui restent[1]. »

C'est une grave erreur que de chercher dans la combinaison des formes gouvernementales la réalisation et la garantie de la liberté. Déjà, en 1817, Augustin Thierry prémunissait ses concitoyens contre ce piége : « Ne nous laissons pas duper, disait-il, par l'alliance de mots la plus menteuse : *un gouvernement qui donne la liberté.* »

« Le premier objet de toute constitution, avait fort bien dit Robespierre à la Convention (10 mai 1793), doit être de défendre la liberté publique et individuelle contre le gouvernement lui-même. »

La liberté est un principe supérieur qui doit dominer le gouvernement et la loi.

Loin de s'appuyer sur la loi, comme on le répète communément, il faut, au contraire, que la liberté ait une force indépendante telle, qu'elle puisse protéger efficacement les citoyens contre les attentats du gouvernement, alors même que ces attentats, par une profanation habituelle au

1. *De la nature des pouvoirs publics dans une nation libre*, 1792, *Chronique du mois*.

despotisme, essayeraient de se couvrir sous l'égide sacrée de la loi.

« Toute loi qui viole les droits imprescriptibles de l'homme est essentiellement injuste et tyrannique, elle n'est point une loi, » disait encore Robespierre, qu'il ne faut point se lasser de citer, parce qu'il ne faisait qu'énoncer les idées communes à tous ses contemporains.

La liberté n'est pas autre chose que la consécration du droit individuel, qui est la base même de la justice.

Le véritable point de départ de toutes les combinaisons sociales, c'est l'individu qui seul a une existence positive, qui seul a des droits comme il a des devoirs.

L'État n'est qu'une fiction autoritaire : il n'a pas d'existence propre; formé par le concours des individus et dans leur intérêt, il ne peut en aucune façon s'imposer à eux et il doit au contraire relever d'eux en toute chose. Il doit être essentiellement modifiable suivant leurs convenances.

Le gouvernement qui, reposant autrefois sur un principe supérieur, avait un caractère de domination et de protection, ne doit plus être aujourd'hui qu'une fonction administrative subordonnée.

« Le peuple est le souverain, dit Robespierre;

le gouvernement est son ouvrage et sa propriété, les fonctionnaires publics sont ses commis. »

Mais le peuple lui-même qu'est-il autre chose que la représentation collective des individualités qui le composent? La souveraineté du peuple pour signifier quelque chose doit signifier la souveraineté individuelle de chaque citoyen. L'inviolabilité de la personne humaine, voilà le principe fondamental et positif de la liberté et du droit.

C'est au nom de ce principe positif du droit individuel qu'il faut combattre la métaphysique autoritaire et la réduire jusque dans ses derniers retranchements.

On a voulu reconstituer la personnification autoritaire de l'État en prétendant en faire le représentant de la communauté dont les intérêts et les droits sont supérieurs aux intérêts et aux droits de l'individu isolé.

Mais si les intérêts de tous les citoyens sont identiques et si les droits de tous sont égaux, il ne peut y avoir antagonisme entre eux; et les antagonismes qui peuvent subsister dans notre société reposent sur des malentendus ou sur des priviléges qu'il importe de faire disparaître au plus vite, car ils constituent un danger imminent pour la liberté.

Les hommes, tous égaux, n'ont rien voulu ni dû

sacrifier en se mettant en société; ils ont voulu et dû étendre leurs jouissances et l'usage de leur liberté par le secours et la garantie réciproques, par le besoin de s'entre-protéger, besoin très-réel et très-sensible. Le calcul de la société nous donne ainsi la notion des devoirs de l'homme inséparable de celle de ses droits.

« Au point de vue social, fait observer Proudhon (*Confessions d'un révolutionnaire*), liberté et solidarité sont des termes identiques : la liberté de chacun rencontrera dans la liberté d'autrui non plus une limite, comme dans la déclaration des droits de l'homme de 1791, mais un auxiliaire; l'homme le plus libre est celui qui a le plus de relations avec ses semblables. »

Par liberté, il faut entendre l'aplanissement de tout ce qui fait obstacle au développement et à la plénitude de la puissance individuelle.

La définition de la liberté contient ainsi l'affirmation du droit de l'individu à son complet développement, et c'est là le principe positif du droit.

La liberté ainsi comprise est un principe nouveau destiné à se substituer au vieux principe d'autorité, et à devenir la pierre angulaire du régime moderne comme le principe d'autorité a été la pierre angulaire de l'ancien régime.

Elle doit transformer complétement l'organisme politique et social.

Elle représente un principe supérieur au suffrage universel, supérieur à la volonté des majorités, supérieur à la volonté de l'homme lui-même.

Il est reconnu en droit civil qu'un homme ne peut aliéner sa propre liberté, et que tout contrat consenti par lui en ce sens est nul de plein droit.

Sont nuls pareillement les contrats, même consentis par les peuples ou par la majorité des citoyens, qui violeraient les lois de l'humanité, les lois naturelles, les droits de la liberté, l'inviolabilité de la personne humaine et la souveraineté de la raison individuelle.

Voilà ce que c'est que la liberté qui, bien loin de dépendre des gouvernements ou des lois, doit être instituée au-dessus d'eux au contraire.

CHAPITRE IV

La liberté individuelle.

La première de toutes les libertés, ou plutôt, car la liberté est une et indivisible, la base fondamentale de la liberté est la liberté individuelle.

L'inviolabilité de la personne humaine, voilà quel doit être le principe essentiel de la constitution d'un peuple libre.

La plus complète liberté d'agir et de penser doit être laissée à chaque citoyen.

Cette liberté n'est restreinte que par le respect de la liberté des autres.

On ne peut toucher à la liberté d'un citoyen que lorsqu'il s'est rendu coupable d'un attentat contre un autre citoyen ou contre la sûreté publique.

Mais en ce cas on doit procéder contre lui d'après

2

les formes prévues et rigoureusement prescrites pour les accusations.

Il ne faut pas en dehors de ces formes précises que, sous prétexte de raison d'État, de salut public, de sûreté générale, l'on puisse toucher à un individu.

Il ne faut pas qu'un citoyen sous aucun prétexte puisse être détourné de ses juges naturels.

Il ne faut pas, en dehors des cas et des formes strictement réglés et prévus, que l'on puisse l'arrêter, ni le retenir prisonnier, ni à plus forte raison le déporter sans jugement.

Nous n'avons jamais eu la liberté en France, parce que jamais la liberté individuelle n'a été respectée.

Sous l'ancien régime, il y avait la Bastille.

La Révolution, qui avait commencé par la prise de la Bastille, c'est-à-dire par la revendication de la liberté individuelle, n'est pas parvenue, dans sa période organisatrice, à constituer cette liberté précieuse sur des bases assez solides pour qu'elles aient pu résister aux orages qui ne devaient pas tarder à se déchaîner.

L'Empire rétablit les prisons d'État; aux emprisonnements arbitraires il joignit les expulsions, les déportations par décret et même les exécutions sommaires. L'assassinat politique devint une loi de l'État. L'homme qui ne respectait pas la vie humaine, ne pouvait pas avoir le respect de la liberté.

La Restauration inventa les tribunaux d'exception, pour couvrir ses attentats d'une apparence juridique, et nous eûmes les cours prévôtales.

La Charte de 1830 est de toutes les constitutions qui depuis bientôt un siècle se sont succédé en France, celle qui a offert les garanties les plus grandes et les plus efficaces à la liberté individuelle.

Cette charte déclarait que nul citoyen ne pourrait être distrait de ses juges naturels, et qu'il ne pourrait être créé de tribunal extraordinaire sous quelque forme que ce soit.

En 1832, le gouvernement proclama l'état de siége, et prétendit en vertu de l'état de siége, s'appuyant sur un décret de 1811, traduire devant les tribunaux militaires tous les citoyens accusés de participation directe ou indirecte à l'insurrection.

M. Odilon Barrot fit annuler par la Cour de cassation, pour excès de pouvoir, un jugement du conseil de guerre condamnant un insurgé non militaire.

Mais en 1848, par une inconcevable et inexcusable aberration de ceux qui se disaient républicains, après les funestes journées de juin, l'état de siége fut proclamé, et non-seulement tous les citoyens suspects d'avoir participé à l'insurrection furent indistinctement traduits devant le conseil de guerre, mais encore un grand nombre furent déportés en masse sans jugement.

La constitution républicaine fut discutée sous le régime de l'état de siége, et l'on décida d'y introduire une loi organique qui réglementerait l'état de siége.

M. Odilon Barrot, devenu ministre de la justice en 1849, proclama pour la seconde fois l'état de siége, à la suite de la manifestation du 13 juin, et il prit soin de faire effacer par le Conseil d'État, l'arrêt de la Cour de cassation du 29 juin 1832, obtenu par son éloquence.

L'avis du Conseil d'État en date du 25 juin 1849 fit revivre le texte et l'esprit du décret du 25 décembre 1811, et déclara que la dévolution des pouvoirs administratifs à l'autorité militaire par l'état de siége est *absolue* et *illimitée* et que les tribunaux militaires *peuvent toujours quand ils veulent* dessaisir les tribunaux ordinaires[1].

Ainsi l'état de siége devint de droit constitutionnel sous la République, par une profanation qui

1. Les principaux membres du Conseil d'État, qui avaient été désignés par l'Assemblée constituante, étaient MM. Jules Simon, Bethmont, Havin, Édouard Charton, Jean Reynaud, Edmond Adam, Carteret, Landrin, Vivien, etc.

montre bien à quel point en France est perverti le sens de la liberté en même temps que celui de la justice.

Il y a à ce propos un mot bien profond et bien juste de Michelet dans son *Histoire de la Révolution* : « Ce grand peuple (le peuple français) qui a été le docteur et le pape du droit au seizième siècle, qui a trouvé, promulgué au dix-huitième la loi pour toute la terre, n'en a pas moins un organe faible, quelque peu atrophié, et qui ne revient pas bien : le sens de la justice criminelle et civile. »

La République livra ainsi au despotisme et à la violence des armes fatales qui furent cruellement retournées contre elle et contre ceux-là mêmes qui les avaient forgées par le coup d'État du 2 décembre [1].

Le décret du 8 décembre 1851 et la loi de sûreté générale ont, depuis le commencement de l'Em-

1. « Si le dernier des criminels, le plus notoirement coupable, le plus indigne d'excuse était frappé sans jugement, condamné sans être entendu, jugé sur des notes de police ou des dénonciations anonymes, il n'y aurait qu'une voix pour invoquer les principes élémentaires de toute justice. Cependant tout cela s'est fait en 1848, non pas pour un individu, mais pour des milliers d'hommes ; cela s'est fait par des hommes qui se disaient républicains, mais qui voulaient avant tout le pouvoir. Je ne sais si, lorsque plus tard ils ont vu, en 1851, tourner contre eux les armes qu'ils avaient forgées eux-mêmes, un remords tardif est venu éveiller leur conscience. » (Delescluze, *de Paris à Cayenne*.)

pire, livré la liberté des citoyens au bon plaisir le plus absolu du gouvernement personnel, fonctionnant sans publicité et sans contrôle.

L'article 75 de la Constitution de l'an VIII, qui couvre d'impunité tous les agents du pouvoir, favorise tous les débordements de l'arbitraire administratif. La liberté des citoyens est livrée par cet article à la merci des agents les plus subalternes et les plus misérables de l'autorité. Il n'existe aucun recours pour un citoyen victime des vexations les plus arbitraires et les plus odieuses [1].

En 1848, pour justifier l'état de siége, on soutint qu'il n'y avait pas de comparaison à établir avec les souvenirs odieux des actes de même nature accomplis sous la royauté, parce que l'état de siége avait été établi et était maintenu, non par le pouvoir

1. La responsabilité des agents de l'autorité était revendiquée par Mirabeau à l'Assemblée constituante, comme la garantie essentielle de la liberté individuelle, et ses paroles à cet égard sont intéressantes à rappeler : « Si la loi de responsabilité ne s'étendait pas sur tous les agents subalternes de l'autorité, si elle n'existait pas, surtout parmi nous, il n'y aurait pas de nation plus faite que nous pour l'esclavage. Il n'y en a pas qui ait été plus insultée, plus réprimée par le despotisme. La loi qui porte que tout citoyen ne peut être arrêté qu'en vertu de la loi est reconnue partout, et cependant elle n'a pas empêché les lettres de cachet. Jamais une nation ne sera libre que toute la hiérarchie sociale ne soit comprise dans la responsabilité.... Résignez-vous à être esclaves ou déclarez la responsabilité. »

exécutif, mais sous l'Assemblée nationale issue du suffrage universel.

C'est toujours le même sophisme que nous avons signalé, en dénonçant la confusion créée par les politiques entre le parlementarisme et la liberté, confusion d'après laquelle on voudrait prétendre que l'organisation de la représentation est synonyme de l'établissement de la liberté.

Pour que la liberté existe, il faut mettre la liberté individuelle au-dessus des caprices, des erreurs ou des terreurs des législateurs, aussi bien qu'au-dessus des attentats des despotes.

Il faut lui donner des garanties réelles qui offrent aux citoyens une protection efficace.

CHAPITRE V

La liberté de la presse.

Le corollaire de l'inviolabilité de la personne humaine, c'est la souveraineté de la raison individuelle. De même que l'homme a le droit d'agir librement, il a le droit de penser librement, et c'est cette libre pensée qui, en dirigeant son action, le distingue de l'animal.

Mais l'homme n'est pas un être isolé; c'est essentiellement un être sociable, et quand nous nous préoccupons de son existence politique, nous devons toujours le considérer comme un être social.

La liberté de penser a donc pour conséquence nécessaire la liberté de communiquer sa pensée, de l'exprimer par la parole ou par la plume, et de lui donner la plus grande publicité.

Cette libre manifestation et ce libre échange des pensées individuelles, en formant le domaine commun de la raison et de la science et en provoquant la grande communion des intelligences, sont la condition même du progrès et de la civilisation. Ils sont la condition indispensable du développement intellectuel, sans lequel les hommes, isolés dans leur ignorance, resteraient au niveau de la brute. Ce sont les grands moteurs de l'activité sociale.

Tout obstacle apporté à la libre expression et à la libre publication de la pensée est un attentat plus odieux que celui même dirigé contre la liberté ou contre la vie d'un citoyen.

« Tuer un homme », disait Milton, revendiquant contre les attentats du despotisme la liberté de la pensée humaine, « c'est tuer une créature raisonnable; mais étouffer un bon livre, c'est tuer la raison elle-même. »

C'est bien parce que les gouvernements despotiques sont fondés sur l'ignorance des masses populaires, et parce qu'ils sont intéressés pour le maintien de leur pouvoir à perpétuer cette ignorance, qu'ils ont toujours dirigé tous leurs efforts pour étouffer la liberté de la presse.

De plus, la liberté de la presse est la gardienne incorruptible et vigilante de la liberté politique.

C'est une censure permanente qui dénonce tous les attentats et tous les abus du gouvernement.

Elle éclaire et tient en éveil l'opinion publique.

C'est elle qui a sonné le branle-bas du despotisme, en soulevant les peuples contre lui, et qui le pourchasse sans relâche et sans trêve dans les derniers retranchements où il essaye de se réfugier.

Aussi est-ce une guerre à mort qui est déclarée entre le despotisme et la liberté de la presse.

Mais, on ne saurait se lasser de le répéter, cette guerre, en même temps que la guerre du despotisme contre la liberté, est la guerre de la violence contre le droit et de la barbarie contre la civilisation.

Royer-Collard, qui après s'être associé aux mesures les plus odieuses contre la presse dans la première partie de sa vie, a dit, dans la seconde partie, les choses les plus remarquables sur la liberté de la presse, a très-bien signalé ce caractère essentiel de toutes les lois contre la presse :

« Ce n'est pas contre la licence qu'est dirigée la loi qu'on vous présente[1], mais contre la liberté;

1. Ceci était dit à propos de la loi de 1827, célèbre sous la désignation de *loi de justice et d'amour*, nom que lui donna l'opinion publique en représailles de l'éloge burlesque qu'on en avait fait. Cette loi n'était point plus mauvaise et même à cer-

ce n'est pas contre la liberté de la presse seulement, mais contre toute liberté naturelle, politique et civile, comme essentiellement nuisible et funeste.

« Dans la pensée intime de la loi, il y a eu de l'imprévoyance au grand jour de la création, à laisser l'homme s'échapper libre et intelligent au milieu de l'univers; de là sont sortis le mal et l'erreur. Une plus haute sagesse vient réparer la faute de la Providence, restreindre sa libéralité imprudente, et rendre à l'humanité, sagement mutilée, le service de l'élever enfin à l'heureuse innocence des brutes....

« Avec la liberté étouffée doit s'éteindre l'intelligence, sa noble compagne. La vérité est un bien, mais l'erreur est un mal; périssent donc ensemble l'erreur et la vérité. Comme la prison est le remède naturel de la liberté, l'ignorance sera le remède nécessaire de l'intelligence. L'ignorance est la vraie science de l'homme et de la société.

« La loi actuelle ne proscrit que la pensée, elle laisse la vie sauve : c'est pourquoi elle n'a pas besoin de faire marcher devant elle, comme les barbares, la dévastation, le massacre et l'incendie :

tains égards elle était meilleure que plusieurs de celles sur la même matière qui lui ont succédé, pour ne citer que les lois de septembre et le décret du 17 février 1852.

il lui suffit de renverser les règles éternelles du droit....

« L'entreprise est laborieuse et il ne sera pas facile de la couronner. A l'avenir, il ne s'imprimera pas une ligne en France, je le veux; une frontière d'airain nous préservera de la contagion étrangère, à la bonne heure.

« Mais il y a longtemps que la discussion est ouverte dans le monde entre le bien et le mal, le vrai et le faux; elle remplit d'innombrables volumes, lus et relus, le jour et la nuit, par une génération curieuse. Des bibliothèques les livres ont passé dans les esprits. C'est de là qu'il vous faut les chasser. Avez-vous pour cela un projet de loi? Tant que nous n'aurons pas oublié ce que nous savons, nous serons mal disposés à l'abrutissement et à la servitude.

« Mais le mouvement des esprits ne vient pas seulement des livres. Né de la liberté des conditions, il vit du travail, de la richesse et du loisir; le rassemblement des villes et la facilité des communications l'entretiennent. Pour asservir les hommes, il est nécessaire de disperser les hommes et de les appauvrir; la misère est la sauvegarde de l'ignorance.

« Croyez-moi : — réduisez la population, renvoyez les hommes de l'industrie à la glèbe, brûlez les manufactures, comblez les canaux, labourez les grands chemins. Si vous ne faites pas tout cela, vous n'avez rien fait; si la charrue ne passe pas sur la civilisation tout entière, ce qui en restera suffira pour tromper vos efforts. »

Ces magnifiques paroles de Royer-Collard s'appliquent avec une justesse saisissante au régime auquel la France a été soumise pendant dix-huit ans, et auquel elle vient à peine d'échapper. Aux termes du décret du 17 février 1852, aucun journal ne pouvait être publié qu'avec l'autorisation préalable du gouvernement, qui tenait les journaux autorisés sous un joug étroit, et pouvait les supprimer au moindre écart. Quand le ministère voulait empêcher la publication d'une nouvelle, ou quand il voulait empêcher la discussion d'une question, il envoyait aux journaux une injonction à laquelle ceux-ci devaient se soumettre, sous peine de se voir retirer leur autorisation. Les journaux et les livres étrangers ne pouvaient franchir la frontière qu'après avoir obtenu l'agrément du ministère.

Et cependant toutes ces précautions ont été vaines; rien n'a pu empêcher la manifestation et le développement du grand mouvement qui a fini par rompre ces chaînes odieuses. Le courant de l'opinion publique a fini par emporter la digue que l'on avait voulu lui opposer.

Jusqu'à ces derniers temps, aussi longtemps qu'a subsisté la nécessité de l'autorisation préalable, on peut dire que la liberté de la presse n'existait en France à aucun degré.

Le principe essentiel de la liberté de la presse, c'est que tout citoyen peut parler, écrire, imprimer librement, sauf à répondre de l'abus de cette liberté dans les cas déterminés par la loi.

Or, la liberté de la presse, ainsi nettement définie par la déclaration des droits de l'homme et du citoyen, inscrite en tête de la Constitution de 1791, n'existe pas, tant que la publication des journaux est assujettie au dépôt d'un cautionnement s'élevant à la somme énorme de cinquante mille francs.

La liberté de la presse n'existe pas pour ceux qui n'ont pas cinquante mille francs à déposer au Trésor : elle n'existe pas pour les pauvres.

C'est là la véritable gêne qu'il importe de faire disparaître avant toutes les autres, car elle étouffe la liberté dans son germe.

Le cautionnement des journaux est en contradiction formelle avec le suffrage universel qui est le principe de notre droit politique.

Le cautionnement n'a pas du tout pour objet, comme on le croit vulgairement, d'assurer le payement des amendes : le véritable objet de son institution, c'est de maintenir le privilége politique des classes riches, qui aiment à s'intituler les classes gouvernantes.

Ce caractère était dénoncé par Lamennais, obligé de cesser la publication du *Peuple constituant* par suite du rétablissement du cautionnement en juillet 1848 : « On voulait a tout prix nous réduire au silence. On y a réussi par le cautionnement. Il faut aujourd'hui de l'or, beaucoup d'or pour jouir du droit de parler. Nous ne sommes pas assez riches. Silence aux pauvres. »

Silence aux pauvres : — Voilà quelle est la véritable signification des cautionnements imposés aux journaux, ainsi que, avant Lamennais, en 1818, le constatait Évariste Dumoulin dans la *Minerve française :*

« Vouloir assujettir les propriétaires ou éditeurs des journaux au dépôt d'un cautionnement, c'est vouloir créer en faveur de ceux qui ont de l'argent, au préjudice de ceux qui n'en ont pas, le privilége d'écrire et de publier leurs opinions. C'est le monopole sinon de la pensée, du moins du droit d'exprimer sa pensée. *Les riches pourront parler, les pauvres devront se taire.* »

C'était là effectivement, à leur origine, l'objet avoué des cautionnements institués par les lois de la Restauration; et c'était une conséquence logique du cens électoral, du régime qui faisait dépendre la capacité politique des citoyens du degré de leur fortune.

« L'objet du cautionnement, » disait M. Guizot, commissaire du gouvernement en 1819, « n'est pas du tout, comme on l'a prétendu, de pourvoir au payement des amendes éventuelles. *S'il en était ainsi, l'un des préopinants aurait eu raison de s'étonner qu'on ne demandât pas aussi aux journalistes des otages.* Le cautionnement a pour objet de placer la direction et la responsabilité de la presse périodique dans une sphère élevée, entre les mains d'hommes qui puissent inspirer quelque confiance à la société. C'est là le véritable caractère du cautionnement. »

M. le comte Siméon disait pareillement en 1828 : — « Le cautionnement est une prescription du même genre que celle du cens requis pour l'électorat et l'éligibilité, duquel on déduit l'intérêt de l'électeur et de l'éligible à la conservation de la paix publique. »

Ces principes étaient encore confirmés par M. le duc de Broglie en 1830 : — « Le but du cautionnement n'est pas de garantir le payement des amendes ; ce n'est pas dans cette intention que le législateur a institué le cautionnement en 1819 et qu'il l'a confirmé en 1828. Le recouvrement des amendes est une branche du revenu public sur lequel il ne compte pas, et il verrait avec plaisir disparaître ces ressources. En conséquence, si le cautionnement n'avait eu d'autre but que le recouvrement des amendes, je ne craindrais pas de prendre sur moi, au nom de la Commission, d'en proposer la suppression absolue. Mais le but du cautionnement, c'est de garantir à la société que ceux qui fondent un journal lui présentent des conditions d'attachement à l'ordre public. *Le principe du cautionnement est le même que celui du cens de trois cents francs pour les électeurs et de mille francs pour les éligibles.* »

Voilà donc un point parfaitement acquis au début. Le cautionnement n'a pas du tout pour objet de garantir le recouvrement des amendes; sans cela on serait également fondé à demander aux journalistes des ôtages pour garantir qu'ils feront les mois de prison auxquels ils peuvent être condamnés. Le cautionnement était pour les gouvernements qui l'ont institué et confirmé une ga-

1. « Pas de cautionnement pour la presse, » écrivait récemment avec son bon sens incisif M. Alphonse Karr, « ou faites déposer un cautionnement à tous les citoyens, chacun pouvant, dans sa profession ou dans les accidents de la vie, causer des dommages qu'il faudra réparer, ne fût-ce que de casser des vitres! »

rantie de même nature que celle du cens électoral : c'était une conséquence logique du régime du suffrage restreint.

Du jour où tout cens électoral a été aboli, tout cautionnement sur les journaux aurait dû être également supprimé. La suppression du cautionnement des journaux était une conséquence logique et inséparable de la proclamation du suffrage universel.

On ne saurait trop insister sur ce point.

S'il y avait en France, comme il doit y en avoir dans tous les pays libres, des institutions indépendantes protectrices de la liberté et du droit, les journalistes, lorsque le cautionnement fut rétabli par la loi du 11 août 1848, eussent pu se refuser à exécuter cette loi comme inconstitutionnelle, comme édictée en violation flagrante du principe du suffrage universel, qui formait la base essentielle du régime républicain inauguré le 24 février 1848. Et il n'est pas douteux que cette loi eût été annulée par une cour de justice indépendante, comme l'est, par exemple, la cour fédérale des États-Unis.

Mais nous avons si peu en France le sentiment de la liberté, que personne ne songe à supprimer le cautionnement et que pas même une proposition en ce sens n'a été déposée au Corps législatif. Les députés les plus radicaux se bornent à réclamer la suppression du timbre.

Le timbre sur les journaux se rattache à un autre ordre de considérations, mais qui achèvent de démontrer comment tous les efforts des gouvernements ennemis de la liberté tendent à perpétuer l'ignorance des masses, qui est la véritable base du despotisme.

Le timbre est un impôt sur la lecture qui a pour objet de maintenir les journaux hors de la portée du peuple, par l'élévation de leur prix.

Qui ne peut payer 15 centimes, en France, n'a pas le droit de lire les journaux, ni de s'instruire des questions politiques et économiques qui l'intéressent au plus haut point comme citoyen et comme travailleur.

Les pauvres gens n'ont la faculté du moins que de lire les journaux de romans et de faits divers, qui les dépravent et les abrutissent, ou les journaux officiels dont le gouvernement les gratifie par un privilége spécial.

Si cette question était une bonne fois posée sous sa véritable face et développée comme il convient, on ne pourrait certainement pas maintenir un état de choses qui est la honte de notre temps.

L'impôt du timbre est un obstacle permanent

apporté à l'enseignement populaire, à la vulgarisation des idées[1]; et l'exonération scandaleuse de cet impôt accordée aux feuilles qui prennent l'engagement de ne traiter aucune question sérieuse est une véritable prime accordée à ceux qui veulent contribuer à la démoralisation du peuple et spéculer sur son ignorance en l'entretenant.

En France, le pauvre, le prolétaire, n'a pas le droit de penser, il n'a pas le droit de développer son intelligence, il n'a pas le droit de se tenir au courant des grandes discussions de la politique et de l'économie sociale. La littérature élevée, la science économique, la philosophie sociale lui sont interdites.

1. Nous trouvons l'indication suivante dans un article publié récemment dans le journal *le Français* : « Avant la loi du 25 mai 1848 abolissant le timbre, le plus répandu des journaux belges ne comptait pas 4000 abonnés. Le tirage de toutes les feuilles réunies ne comptait pas 30 000 exemplaires. Aussitôt le timbre supprimé, les journaux diminuèrent de moitié le prix des abonnements et virent ainsi tripler le nombre de leurs souscripteurs. »

Du reste, l'intention d'apporter un obstacle au développement des journaux politiques en les frappant d'un droit de timbre a été formellement déclarée par le décret du 28 mars 1852 qui affranchit de ce droit les journaux purement littéraires et scientifiques : — « Considérant, dit ce décret, que si *des conditions restrictives* ont dû être imposées à la presse politique, il convient au contraire de *favoriser le développement* des publications consacrées aux sciences et aux arts; — Décrète : — Sont exempts du droit de timbre, etc. »

On l'amuse avec les aventures de Rocambole, comme on amuse les enfants avec les contes de fées ; on fausse ainsi systématiquement son intelligence, quand on ne parvient pas à en paralyser le développement.

Et non-seulement la loi le tolère, mais encore la loi le veut, la loi l'exige; elle condamne à la prison et à l'amende ceux qui tentent d'opposer à ces mauvaises et futiles lectures des lectures saines, sérieuses, élevées, utiles.

Le timbre est bien un impôt sur la lecture du peuple. Ce n'est que par une équivoque que l'on a voulu prétendre qu'il était un impôt sur l'industrie du journalisme ou sur les annonces. Non-seulement en effet les journaux non politiques en sont exempts, mais encore il frappe les brochures politiques qui ne contiennent pas d'annonces.

C'est qu'il ne faut pas que l'on puisse fabrique des livres à bon marché pour le peuple, si ces livres traitent des questions politiques et sociales, qui l'intéressent au plus suprême degré, parce que son affranchissement en dépend.

La science n'est pas faite pour lui, parce que la science élève et affranchit les hommes, et que le peuple doit rester serf. Comme on n'ose pas la lui interdire formellement, on emploie toutes les voies détournées pour la tenir hors de sa portée. Et c'est pour cela qu'a été institué l'impôt du timbre.

Mais cela ne suffit pas encore. Les brevets de libraires opposent un obstacle insurmontable à la propagation des livres.

Le commerce de la librairie n'est pas libre ; il n'y a qu'un petit nombre de libraires privilégiés, et il est défendu à tous les autres commerçants de vendre des livres. Et on poursuivrait pour colportage illicite les citoyens dévoués à la cause de l'enseignement et de l'éducation du peuple, qui entreprendraient de propager les bons livres, même en les distribuant gratuitement.

Aussi le livre ne pénètre-t-il pas dans les campagnes ; on ne peut se le procurer qu'à la ville, et si les autres marchands ne peuvent vendre des livres, les libraires, eux, peuvent vendre toute autre chose qui leur convient, d'où il résulte que le plus grand nombre vend toute autre chose que des livres, et qu'il est bien des villes où il est à peu près impossible de se procurer aucuns livres autres que des livres de prières.

On peut dire que le commerce de la librairie n'existe pas en France, si ce n'est dans les grands centres, et, en l'absence de toute concurrence possible, il faut désespérer de lui donner l'activité qui lui manque.

C'est là le plus grand obstacle, l'obstacle invincible à la divulgation de l'enseignement et à l'affranchissement moral du peuple. C'est pour cela que la France est, quoi qu'on en dise, au point de vue du développement intellectuel, si inférieure aux États-Unis, à l'Allemagne, à l'Angleterre, à la Belgique, à la Suisse, en un mot à tous les pays libres.

Tant que l'on maintiendra l'impôt du timbre et les brevets de libraires, le développement intellectuel de notre pays restera paralysé, parce qu'il sera comprimé dans son essor.

Il reste un dernier point, bien important lui aussi, c'est d'établir quels sont les délits qui peuvent être commis par la voie de la presse, et quelle répression doit les atteindre.

Y a-t-il des délits de presse, c'est-à-dire y a-t-il des délits d'opinion ? Grave et difficile question.

Il faudrait du moins et avant tout définir ces délits. Or cette définition est impossible. Par conséquent l'appréciation de ces délits est purement arbitraire. C'est ce qui suggérait à Robespierre cette observation profonde, confirmée par l'expérience de toutes les lois sur la presse successivement tentées depuis quatre-vingts ans : « Toute loi faite sous le prétexte de la liberté de la presse produit presque toujours l'effet infaillible d'anéantir cette liberté elle-même. »

Mais jusqu'au jour où sera reconnue cette grande vérité, qu'il n'y a pas, qu'il ne peut pas y avoir de délits d'opinion, à qui confiera-t-on l'exercice de ce redoutable arbitraire?

Il est indispensable dans tous les cas de le confier à des juges tout à fait indépendants du gouvernement, à des juges intéressés à maintenir cette liberté précieuse, en même temps qu'à empêcher la licence, ou plutôt le désordre auquel cette licence pourrait donner lieu.

C'est ce qu'avaient compris les Constituants de 1789, éclairés par l'expérience de l'Angleterre, qui a dû au maintien persistant de la liberté de la presse le développement de la liberté politique[1], — en plaçant la véritable garantie de cette liberté précieuse dans l'institution du jury qui devait, suivant eux en rester inséparable.

« C'est là, disait Thouret au nom du comité de

1. Le célèbre auteur anonyme des *Lettres de Junius* dit, dans la *Dédicace à la nation anglaise* placée en tête du recueil de ses lettres : « Ayez toujours gravé dans vos esprits et inculquez à vos enfants ce principe, que la liberté de la presse est le *palladium* de tous les droits civils, politiques et religieux d'un Anglais. » En Angleterre des lois draconiennes sont suspendues sur la presse, mais la liberté est protégée par le jury, qui est la véritable garantie, plus efficace et plus sûre que toutes les lois

constitution, que réside principalement et *substantiellement* la véritable garantie à donner à la liberté de la presse. Il ne faut point que ce soient les pouvoirs constitués qui soient les maîtres de prononcer sur le fait du délit; il faut que ce soit la nation, il faut que ce soit le peuple, *intéressé à conserver la liberté de la presse;* il faut que ce soient des jurés, qui sont une émanation du peuple et qui le représentent. »

Nous reviendrons sur ce point dans le chapitre subséquent, consacré au pouvoir judiciaire, dans l'organisation duquel doit résider la véritable garantie de la liberté individuelle, de la liberté de la presse et de toutes les libertés.

Mais ce qu'il importe de bien établir, c'est que la liberté de la presse n'existera pas en France, ni de droit ni de fait, tant que subsistera le cautionnement des journaux et tant que subsistera le timbre des écrits politiques et le privilége des libraires.

CHAPITRE VI

La liberté de réunion et d'association.

Non moins essentielle que la liberté individuelle et la liberté de la presse est la liberté de réunion et d'association.

C'est encore là une de ces libertés primordiales qui doivent être inscrites en tête de toutes les constitutions libres, et qu'il ne peut appartenir à aucun gouvernement de supprimer ni de restreindre sous quelque prétexte que ce soit.

Cependant tous les gouvernements qui se sont succédé en France depuis le commencement de ce siècle ont tous mutilé à peu près complétement le droit de réunion: c'est que plus encore que la liberté de la presse ce droit est incompatible avec le despotisme.

Diviser pour régner, est une vieille maxime; c'est le *ba ba* du despotisme. Pour maintenir les citoyens sous le joug d'une servitude impatiemment supportée, il faut les isoler dans leur revendication, dans leur ignorance, dans leur misère.

Car s'ils peuvent se réunir pour échanger leurs plaintes et leurs espérances, ils ne tarderont pas à avoir conscience de leur force, ils ne tarderont pas à sentir que leur servitude est une servitude volontaire, ainsi que l'a démontré La Boétie dans son sublime discours; que pour briser le joug qui les opprime, ils n'ont même pas besoin de se révolter avec violence, mais qu'il leur suffit de rester immobiles, et de ne pas tendre le cou au joug. — Et alors c'en sera fait définitivement du despotisme.

Voilà pourquoi les gouvernements qui veulent tenir les peuples en esclavage ne peuvent tolérer l'existence du droit de réunion.

A un autre point de vue plus élevé encore, le véritable enseignement, la véritable initiation intellectuelle, morale, scientifique, se fait par la parole et par la discussion; c'est la parole chaleureuse des orateurs qui fait surgir les sentiments généreux enfouis dans les profondeurs du cœur humain; c'est la discussion qui du choc des opinions contradictoires fait jaillir l'étincelle qui éclaire le foyer des intelligences.

Mais aussi, si la parole publique est laissée seulement à ceux qui représentent certaines erreurs, certains préjugés hostiles au mouvement de la civilisation et à l'affranchissement des esprits, si la contradiction ne peut pas se produire, si la discussion ne peut pas s'engager librement, alors la parole devient le plus funeste instrument du despotisme, parce qu'elle prend une autorité d'autant plus grande sur la masse que ceux qui ont ainsi le monopole de l'éloquence paraissent doués d'une supériorité plus extraordinaire.

C'est ce que l'Église a très-bien compris, et la prédication a puissamment contribué à entretenir son prestige sur les masses fanatiques qu'elle a façonnées à la soumission, à l'obéissance et à l'abnégation, étouffant ainsi au fond du cœur des hommes jusqu'au sentiment naturel de leur indépendance, et leur présentant leur abaissement intellectuel et social comme une vertu, comme un titre de mérite et d'honneur.

C'est seulement la libre parole qui pourra réparer le mal fait à la civilisation et à la révolution par dix-huit siècles de prédication catholique.

Il faut faire une bonne fois justice de cette prétention monstrueuse émise par les gouvernements d'interdire la discussion publique, ou de limiter le droit de réunion à certaines matières et de le soumettre à l'arbitraire de la police.

Cette mise en tutelle du peuple est la négation insolente du principe même de la liberté.

La situation de la France à l'endroit du droit d'association a été indiquée avec une incisive éloquence par M. Pagès, combattant à la Chambre des députés la loi de 1834 sur les associations, qui venait renchérir encore sur les dispositions arbitraires de l'article 291 du Code pénal[1] :

« En Angleterre, la liberté d'association est de droit commun ; en France, elle est une exception. En Angleterre, on s'associe parce qu'on est Anglais et libre ; en France, on s'associe parce que la police le permet.

« Et cependant c'est de la France que l'Angleterre a importé son droit d'association.

1. M. Odilon Barrot prononça aussi à cette occasion un discours remarquable. « Le droit d'association, disait-il, est, je ne dis pas un droit, mais il est bien plus qu'un droit, bien plus qu'une faculté : c'est *une nécessité*, la première de toutes les nécessités sociales. Avant votre loi, il n'en existait pas au monde qui eût fait cette insulte à la raison et à la civilisation humaine, de dire que le droit d'association n'existe pas dans notre société. » Devenu ministre de la justice en 1849, sous la République, la première grande mesure que présenta M. Odilon Barrot fut un projet de loi, plus rigoureux encore que la loi de 1834, qui interdisait absolument l'exercice du droit d'association et de réunion.

« C'est à l'association que nous dûmes jadis toutes nos libertés : la commune, le droit municipal, les milices nationales.

« C'est à l'association que nous devions tout ce qu'il y avait de morale et d'humanité dans la classe populaire : ces confréries soignant les malades, abritant les pauvres, faisant vivre les ouvriers sans travail.

« Sous un gouvernement qui comprend et qui veut le bien-être du pays, ces sociétés ne sauraient être périlleuses. Malgré sa tyrannie, Louis XI les protégea mieux que Louis XII; malgré son despotisme, François Ier les garantit autant qu'Henri IV; et toutefois pour être sans péril elles n'étaient pas sans turbulence; leur liberté, conquise par la force, fut conservée par la force, jusqu'au jour où, consacrée par le temps, le pouvoir la sanctionna comme un droit.

« L'Empire n'a accueilli la liberté qu'en la plaçant sous la tutelle du despotisme : de là l'article 291 du Code Pénal.... Le despotisme ne peut se trouver sans péril face à face avec la liberté.

« Dans les serres de l'aigle vint se débattre et mourir le droit d'association, ce droit des pays libres, des États représentatifs, de la France monarchique. Il cessa d'être le droit commun; il ne devint même un droit exceptionnel que sous le bon plaisir de la police. »

Voici le texte de cet article 291, qui nous régit encore aujourd'hui, triste monument de l'arbitraire et du bon plaisir administratif qui depuis l'Empire est resté le fond du droit public de la France :

« Nulle association de plus de vingt personnes, dont le but sera de se réunir tous les jours ou à de certains jours marqués pour s'occuper d'objets religieux, *littéraires*, politiques ou autres, ne pourra se former *qu'avec l'agrément* du gouvernement, sous les conditions *qu'il plaira* à l'autorité publique d'imposer à la société. »

L'interdiction du droit d'association est un obstacle invincible apporté à toutes les tentatives que pourraient faire les travailleurs pour améliorer et transformer leur sort, à toutes les applications pratiques du socialisme.

M. Pagès signalait déjà dans le discours que nous venons de citer ce caractère intolérable de la législation : — « Fermer la bouche du pauvre qui souffre, ce n'est pas détruire la douleur ; dissoudre une réunion d'ouvriers qui cherchent une meilleure répartition du salaire, qui veulent s'entr'aider les uns les autres, améliorer leur existence, marcher en se donnant la main vers une vie moins dure, c'est s'opposer au progrès social, c'est attenter aux droits de l'humanité, c'est manquer de sagesse vulgaire et de politique. »

En Angleterre on n'admettrait pas que le législateur pût porter atteinte au droit d'association, et cela ne doit effectivement pas être admis par un peuple qui a le sentiment de la liberté tant soit peu développé.

Pitt voulut proposer une loi restrictive du droit d'association. « Si vous voulez restreindre le droit d'association, même temporairement, » s'écria Fox, « dites qu'une constitution libre ne nous convient pas; faites comme les sénateurs du Danemark, déposez votre liberté, et ne soyez pas la risée de l'Europe en disant que vous êtes libres. Vous changez la monarchie limitée en monarchie absolue, et si les ministres, puissants de tant de moyens de corruption, gagnent assez de membres de cette chambre pour obtenir la majorité et que le peuple me demande mon sentiment, je dirai que l'obéissance n'est plus un devoir, mais un acte de prudence. »

Pitt vit dans ces paroles un appel à la rébellion. Fox lui répondit par un de ses plus admirables discours. « Oui, dit-il, une majorité prostituée peut seule porter atteinte au droit d'association ; et si le peuple reconnaît que ce bill porte atteinte à ses droits, il a le droit de résistance. »

Voilà comme parle l'opposition dans les pays libres, en présence de ces attentats, indéfinis ou temporaires, contre la liberté des peuples.

L'exercice du droit de réunion et d'association est le véritable instrument des réformes pacifiques, et il constitue la principale supériorité des pays libres.

Toutes les questions sont élaborées et mûries dans les meetings populaires avant d'être soumises au gouvernement ou au parlement.

Ceux qui poursuivent une réforme s'adressent d'abord à l'opinion publique ; ils s'efforcent de provoquer dans le pays ce que l'on appelle en Angleterre *une agitation*, c'est-à-dire un mouvement d'opinion se traduisant en pétitions légales.

Quand la réforme poursuivie n'a pas l'assentiment du pays, parce qu'elle est mauvaise ou prématurée, tous les efforts échouent et ses partisans n'ont à s'en prendre de leur insuccès qu'à eux-mêmes, ou à la force des choses, à la force de l'inertie populaire. Le gouvernement, qui n'est pas intervenu, est complétement désintéressé dans le débat.

Quand la réforme, au contraire, est vraiment populaire, et quand les adhésions qu'elle a réunies ont pris une importance telle, après de libres discussions, qu'il n'y a plus moyen de contester qu'elle soit conforme au sentiment général du pays, alors le gouvernement est bien obligé de prendre ces pétitions en considération, et c'est tellement son intérêt de le faire qu'il y est amené tout naturellement et en quelque sorte spontanément.

C'est ce qui a eu lieu en Angleterre pour la liberté des échanges, qui a donné lieu à une des plus mémorables *agitations* qu'ait jamais enregistrées l'histoire économique des nations [1]; c'est ce qui a eu lieu pour la revendication des droits politiques de l'Irlande, dans cette célèbre campagne légale et pacifique qui a immortalisé le nom d'O'Connell; c'est ce qui a lieu tous les jours pour toutes les questions politiques et sociales de quelque importance, et, quelles que soient les crises qu'elle ait traversées, jamais l'Angleterre n'a songé à mettre en question le droit de réunion : voilà pourquoi elle mérite, malgré tout, qu'on l'appelle la *libre* Angleterre.

Le droit de réunion, en même temps que l'instrument tout-puissant de la liberté, est pour l'Angleterre la sauvegarde suprême du gouvernement. Il protége efficacement le gouvernement contre

1. Voir l'intéressant ouvrage de Bastiat : *Cobden et la Ligue, ou l'agitation anglaise pour la liberté des échanges.*

toute révolution violente, parce qu'il laisse à tous les partis les moyens de se manifester et de poursuivre librement le triomphe de leurs idées. C'est, on peut le dire, une véritable soupape de sûreté.

Tandis que les gouvernements qui reposent sur la compression, qui ne laissent aucune expansion aux sentiments populaires et aux aspirations réformatrices, sont exposés à ce que la chaudière éclate à un moment donné. Au lieu de procéder par la voie pacifique des réformes, le peuple procède par la voie violente des révolutions, ce qui est un malheur pour tout le monde.

Alors même que l'on parviendrait à éviter ces catastrophes, dans les pays où n'existe pas la liberté de réunion et d'association le mouvement fécond du progrès économique, social et politique est paralysé. Les réformes les plus salutaires se heurtent contre les préjugés ou le mauvais vouloir de la masse, quand elles ne se heurtent pas contre les résistances du gouvernement.

Et s'il arrive que le gouvernement veuille en prendre l'initiative, non-seulement il n'est pas secondé, mais il se compromet, il compromet l'idée juste et salutaire dont il a pris en main l'exécution, parce que les esprits ne sont pas préparés, et qu'une perturbation générale et funeste peut résulter du changement le plus légitime s'il est accompli prématurément. C'est ce qui est arrivé en France pour le libre échange et les traités de commerce.

La comparaison de ce qui s'est passé en France et de ce qui s'est passé en Angleterre à cet égard est de nature à éclairer tous ceux qui ne sont pas atteints d'une incurable cécité ou qui ne veulent pas s'obstiner à fermer les yeux à la lumière.

Par le droit de réunion, le gouvernement se décharge d'une lourde responsabilité, le fonctionnement de la liberté est assuré, et l'initiative des citoyens, toujours stimulée, veille à la fois au maintien de l'ordre et au développement du progrès.

Ce sont là des idées élémentaires. Mais elles sont très-loin encore de prévaloir chez nous. Elles contredisent toutes les idées de réglementation, de centralisation et de compression, qui ont des racines si profondes dans toute notre organisation politique.

C'est ainsi que le nouveau ministère, pour montrer ses bonnes intentions et pour attester qu'il n'est pas d'idées justes auxquelles il ne soit accessible, s'est empressé de nommer une commission, composée d'économistes, de patrons et d'ouvriers, pour ouvrir sur les questions sociales une enquête dans laquelle seront entendus tous ceux qui en manifesteront le désir.

Mais pour s'éclairer vraiment sur ce sujet, pour se mettre au courant des véritables aspirations populaires, il n'y a qu'à stimuler le droit de réunion, à le débarrasser de ses entraves, à laisser à la discussion la plus grande latitude et la plus grande liberté. De cette façon, non-seulement le gouvernément s'éclairerait, mais l'opinion publique s'éclairerait avec lui, et il ne s'exposerait pas, comme cela va lui arriver certainement, à blesser à la fois les convictions des révolutionnaires, qui lui reprocheront de ne pas faire assez et de fausser leurs idées par des applications incomplètes, et les préjugés des conservateurs, qui lui reprocheront de jeter la perturbation dans les intérêts et de compromettre l'ordre par des concessions funestes et intempestives. C'est ce qui est déjà arrivé à M. Émile Ollivier personnellement, à propos de la loi des coalitions.

Mais à quoi sert l'expérience à nos hommes politiques? A rien.

Sans cela ils comprendraient qu'hors la liberté il n'est pas pour eux de salut, et que toutes leurs habiletés ne font que les engager dans des embarras de plus en plus inextricables.

CHAPITRE VII

L'institution du pouvoir judiciaire.

Il ne suffit pas d'inscrire en tête d'une constitution les droits des citoyens; il faut leur donner des garanties efficaces. Pour que la liberté existe, il faut que les trois libertés essentielles et primordiales que nous venons de signaler : liberté individuelle, liberté de la presse, liberté de réunion et d'association, soient garanties effectivement aux citoyens.

C'est dans l'institution du pouvoir judiciaire qu'il faut placer cette garantie, et cette institution devient ainsi le complément indispensable et le rouage le plus important d'une constitution libre.

C'est ce qu'avaient bien compris nos pères de 1789, et c'est parce que nous avons méconnu cette partie essentielle de leur œuvre que nous avons laissé gaspiller leur héritage, et que nous n'en avons su garder qu'un vain souvenir.

« En vain, » disait Duport, l'auteur à peu près inconnu des rapports admirables de la Constituante sur l'organisation judiciaire, « en vain aurez-vous donné à cet empire une constitution libre et des lois justes, si la justice n'y est convenablement organisée. »

« De la bonne ou de la mauvaise organisation de la justice, » disait Thouret, « dépend la liberté individuelle de chaque citoyen, puisque c'est le pouvoir judiciaire qui doit garantir à chaque citoyen la jouissance de ses biens, de sa liberté personnelle, de son honneur et de sa vie. »

La première et indispensable condition d'une bonne organisation du pouvoir judiciaire, c'est qu'il soit complétement indépendant du gouvernement.

« *Il n'y a point de liberté*, » écrit Montesquieu dans l'*Esprit des lois*, « si la puissance de juger n'est pas séparée de la législative et de l'exécutrice. Si elle était jointe à la puissance exécutrice, le juge pourrait avoir la force d'un oppresseur. »

C'est bien ce qui a lieu actuellement en France, un siècle après Montesquieu, quatre-vingts ans après la Révolution de 1789.

Les juges sont nommés par le gouvernement; investis par lui, ils attendent de lui seul leur avancement et sont placés sous sa complète dépendance.

Il faut que les juges soient complétement indépendants du gouvernement.

La séparation de la justice et de l'État est la véritable, et on peut dire, la seule garantie de la liberté des citoyens.

L'Assemblée constituante avait décidé que les juges seraient nommés par le peuple.

C'est à ce principe qu'il importe de revenir.

« Le principe d'un gouvernement libre, c'est que tous les pouvoirs doivent être délégués par le peuple. Il n'y en a pas qui agisse plus directement et plus habituellement sur les citoyens que le pouvoir judiciaire; les dépositaires de ce pouvoir sont donc ceux sur lesquels la nation a le plus d'intérêt d'influer. » (Thouret.)

Avec autant de soin que l'on en a mis depuis à placer les juges au-dessus de la censure de l'opinion et à assurer le respect en quelque sorte religieux de la chose jugée, les constituants de 1789 prenaient à tâche au contraire de soumettre directement les juges à l'opinion, invitée à contrôler leurs jugements en toute liberté.

« Car, disait Bergasse, s'il est des hommes que, dans l'exercice de leur ministère, il importe d'environner le plus près possible de l'opinion, c'est-à-dire de la censure des gens de bien, ce sont les juges : plus leur pouvoir est grand, et plus il faut qu'ils aperçoivent sans cesse à leur côté la première de toutes les puissances, celle qu'on ne corrompt jamais, la puissance redoutable de l'opinion. Couvrez le juge des regards du peuple, et comme il n'y a que les hommes consommés dans le crime qui, observés de toutes parts, osent mal faire, soyez certains, surtout si le peuple est libre, si *sa censure peut s'exprimer avec énergie*, qu'il n'y aura rien de si rare qu'un juge prévaricateur. »

« Enfin, poursuit Bergasse, le pouvoir judiciaire sera mal organisé si les juges ne répondent pas de leurs jugements. Je crois qu'il suffit d'énoncer cette proposition pour la faire adopter : une nation où les juges ne répondraient pas de leurs jugements serait, sans contredit, la plus esclave de toutes les nations; et on conçoit aisément que l'esprit de liberté augmente chez un peuple en raison de ce que la responsabilité des agents du pouvoir y est plus étendue. »

Cette censure permanente de l'opinion publique, cette responsabilité morale et effective du juge vis-à-vis du suffrage populaire qui l'a institué, excluent précisément l'inamovibilité, qui, à la faveur de l'ignorance générale sur un sujet si important, est considérée par beaucoup de gens de bonne foi comme le véritable principe de 1789 sur la matière.

La réélection des juges apparaît avec raison à Bergasse comme la sanction la plus sûre de leur responsabilité, si délicate à formuler dans des règles précises : — « Il est bien peu à craindre que le juge qu'une bonne opinion environne coure le risque de perdre sa place : le peuple a trop d'intérêt à conserver un bon juge. Il n'y aurait donc que le mauvais juge qui aurait un déplacement à redouter, et il y a tant de manières d'être mauvais juge, on peut prévariquer en tant de façons dans l'emploi du pouvoir judiciare sans paraître néanmoins offenser la loi, sans se trouver dans aucune circonstance où l'on soit responsable à ses yeux, qu'il faut ici laisser quelque chose à faire à l'opinion, et souffrir que celui dont la conduite n'a pas été assez constamment pure pour être au-dessus de tout soupçon soit forcé, à une certaine époque, à renoncer à un ministère qu'on ne peut bien exercer qu'autant qu'on inspire une grande confiance en l'exerçant. »

D'autres considérations d'une élévation plus grande sont encore invoquées en faveur de la limitation temporaire des fonctions judiciaires : — « Les hommes qui savent qu'une fois juges, ils ne descendront plus de leur tribunal, » dit excellemment Duport, « sont tentés de regarder leurs fonctions comme une aliénation de la société en leur faveur, et eux comme une chose distincte dans l'État ; destinés à jouir de tout l'accroissement de pouvoirs qu'ils pourront donner à leur autorité, ils seront naturellement portés à les étendre. Et d'ailleurs, en rendant les juges perpétuels ne risquez-vous pas d'affaiblir en eux le sentiment même de la justice? Ce qui constitue la moralité entre les hommes, c'est l'égalité de leurs rapports et la réciprocité de leurs actions. Le motif qui nous rend justes envers les autres, c'est surtout le besoin et le désir qu'ils soient justes envers nous. »

L'inamovibilité des juges n'est pas le principe de 1789, c'est au contraire le principe de l'ancien régime : elle était considérée alors comme le seul moyen de rendre les juges indépendants du pouvoir qui les avait institués.

Mais dans notre organisation judiciaire renouvelée de l'ancien régime, on a même trouvé moyen de pervertir cette garantie de l'indépendance des juges.

Sous l'ancien régime, il n'y avait pas d'hiérarchie dans l'organisation judiciaire, et les magistrats nommés à un siége y restaient toute leur vie; ils ne le quittaient ni pour monter ni pour descendre. Tel est encore le cas des juges anglais.

Dans la discussion sur l'organisation judiciaire qui eut lieu au Tribunat en 1800, le tribun Ganihl faisait observer avec beaucoup de force que l'établissement d'une hiérarchie et la nomination des dignitaires par le premier consul, « en même temps qu'elle établirait des rapports de supériorité et d'infériorité parmi des hommes qui ont des droits égaux, puisqu'ils remplissent les mêmes fonctions, exciterait l'ambition et l'intrigue des juges, qui seraient disposés à sacrifier leur honneur et leurs devoirs à l'autorité qui en disposera, et qu'ainsi l'indépendance que la constitution avait assurée aux juges par l'inamovibilité serait détruite et renversée par la séduction des dignités établies par l'organisation judiciaire. »

L'expérience n'a que trop confirmé les craintes de Ganihl.

Il n'est personne qui n'ait encore présentes à la mémoire les observations faites par M. Berryer au Corps législatif, dans la discussion de la dernière loi sur la presse (mai 1868), sur le rôle fait à la magistrature dans les causes politiques. Et le ministre de la justice, M. Baroche, s'étant élevé avec une vivacité non moins grande contre les soupçons ainsi dirigés contre la magistrature, M. Berryer répliqua en protestant de son respect pour la magistrature : « respect très-grand » dit-il, « car je ne dis rien de ce que vous avez fait, à chaque occasion et à chaque année, pour récompenser les services que vous en obteniez. »

Interrompu par M. Baroche, qui le mettait au défi de citer des faits, M. Berryer s'empressa de « donner satisfaction » à M. le garde des sceaux. Il est certain que la sixième chambre du tribunal correctionnel, devant laquelle on renvoie d'ordinaire les affaires de presse et les affaires politiques, est une pépinière de futurs conseillers, et on ne peut point prétendre que la magistrature, avec un tel régime, soit dans des conditions suffisantes d'indépendance.

Du sein même de la magistrature, des voix autorisées se sont élevées pour signaler ces graves inconvénients, et récemment encore, dans une circonstance solennelle, à l'occasion de la rentrée des tribunaux, un avocat général près de la cour de Lyon, M. Béranger, dénonçait cette *fièvre de l'avancement* qui compromet si fâcheusement la dignité et l'indépendance de la magistrature.

Le retentissement de ces paroles a été grand,

comme on devait s'y attendre, et sous leur impression immédiate, un député, M. Martel, a déposé au Corps législatif un projet de réorganisation judiciaire.

Il est certain qu'il y a là une situation qui appelle un prompt remède, et la réforme complète de l'organisation judiciaire doit être la préoccupation la plus urgente de tous ceux qui ont tant soit peu à cœur les intérêts de la liberté.

Les juges ne doivent pas être chargés seulement d'appliquer la loi avec une scrupuleuse précision et une scrupuleuse impartialité; mais encore ils doivent offrir aux citoyens un recours suprême contre les attentats des législateurs eux-mêmes.

Ils doivent être les gardiens des principes essentiels qui sont la base de la constitution, et qui dominent la loi, en ce sens que toute loi qui les violerait en quelque façon devrait être considérée comme nulle et non avenue.

C'est ce qui a lieu aux États-Unis où le pouvoir judiciaire, placé entre les lois du Congrès et la constitution, a le droit de déclarer nulles les lois qui violent la constitution, celles qui tenteraient de dépouiller les citoyens des droits proclamés inviolables et sacrés par la constitution.

« Tel est le caractère du pouvoir judiciaire aux

États-Unis, » dit M. Laboulaye [1]. « La constitution est une arche sainte où le peuple a déposé ses libertés afin que personne, fût-ce même le législateur, n'ait le droit d'y toucher. Les juges fédéraux sont les gardiens de ce dépôt sacré. »

« Il est à regretter, ajoute M. Laboulaye, que dans toutes nos constitutions on n'ait pas suivi cet exemple et organisé le seul pouvoir qui puisse faire respecter la loi. Prenez toutes nos constitutions, vous verrez qu'il n'y a aucune garantie qui les assure de régner.

« Elles partent toujours de ce principe, que les députés sont le peuple même. C'est là une erreur dans laquelle les Américains ne sont jamais tombés. Les représentants comme les juges sont des mandataires; tous doivent être maintenus dans le respect de la constitution qui garantit la souveraineté populaire, tandis que chez nous on parle de souveraineté populaire lorsqu'il s'agit de l'omnipotence législative, mais jamais quand il s'agit de faire respecter la constitution par les législateurs. »

Ces principes n'avaient point échappé aux Constituants de 1789, et il n'y a qu'à revenir à leur institution, qui est parfaite de tous points.

1. *Histoire des États-Unis*, tome III, 18e leçon.

Avec leur intelligence profonde de la liberté, ils avaient bien compris que c'est le caractère autoritaire de l'administration de la justice qui est la racine de tout despotisme, et tandis que toujours auparavant on s'était appliqué et que toujours on s'est appliquée depuis à tenir le pouvoir judiciaire hors du peuple pour le rendre plus redoutable, ils mirent tous leurs efforts, au contraire, à le placer dans le peuple même pour le rendre plus légitime et moins dangereux.

C'est ainsi qu'à côté des juges, chargés d'appliquer la loi, ils placèrent les jurés, chargés de prononcer sur le fait.

Les jurés sont de simples citoyens, pris au hasard, appelés à constater le fait qui est l'objet de l'accusation, de telle sorte qu'il ne reste plus aux juges, les faits étant constatés, qu'à appliquer la loi.

Les jurés offrent ainsi la plus grande garantie aux accusés; ce sont des hommes du même état, du même intérêt que les parties qui, jurés aujourd'hui, peuvent demain passer à leur tour devant le jury : c'est la réalisation de ce droit légitime qui doit appartenir à tout citoyen, de n'être jugé que par ses pairs.

L'institution est ancienne, ancienne comme le sentiment de la justice. Elle était en vigueur, à l'origine de la monarchie française, chez les Francs et chez les Germains ; elle n'a cessé de fonctionner chez les Anglais.

Duport se livre à ce propos à des considérations très-élevées qu'il est utile de bien méditer, car il s'agit d'une des matières les plus importantes de l'ordre politique, d'une de celles qui sont capables d'exercer la plus grande influence sur la liberté publique.

« Rappelez-vous en ce moment, dit Duport, ce que c'est que le pouvoir judiciaire en général : c'est celui qui réalise et réduit en actes les décisions générales et abstraites des lois. Son influence est d'autant plus grande qu'il n'agit pas, comme le pouvoir législatif, sur la masse entière de la société, mais qu'il saisit l'homme individuellement et agit sur lui avec toute la force publique ; c'est un pouvoir de tous les instants ; il est aux ordres pour ainsi dire de toutes les passions humaines, et toutes nos actions sont ou peuvent devenir de sa compétence. Ajoutez encore que, quelque chose que l'on fasse, il est comme impossible d'imposer jamais aux juges une véritable responsabilité.

« Un tel pouvoir a besoin d'être circonscrit et contenu dans des limites précises. Si les tribunaux sont trop subordonnés au pouvoir exécutif, ou que leurs relations avec lui soient trop intimes, son influence peut aisément devenir dangereuse pour la liberté; il paraîtra respecter les lois de la nation, mais dans le fait il en empêchera l'exercice et l'usage.... Si les tribunaux au contraire sont trop indépendants du monarque et du peuple, alors ils chercheront par une usurpation successive et insensible des droits du peuple et du monarque à former un troisième pouvoir indépendant des premiers.

« Entre ces inconvénients opposés, il doit exister un moyen terme qui soit la vérité, une mesure juste qu'il faudra saisir; et c'est dans les principes qu'il faut la chercher. Il est encore présent à vos esprits, messieurs, celui qui veut que tous les pouvoirs soient établis par le peuple et pour le peuple : l'impossibilité de les exercer tous l'a seul forcé à en déléguer quelques-uns. Mais il doit se réserver ceux qu'il peut exercer par lui-même.

« Il faut donc que la base du pouvoir judiciaire, celle qui consiste dans l'éclaircissement des faits, reste éternellement dans le peuple. Ce droit, il ne doit pas le déléguer puisqu'il peut l'exercer; il doit au contraire le défendre comme sa plus chère propriété, puisque ce n'est que par ruse et pour son malheur qu'on tenterait de l'en dépouiller.

« Si les jurés sont une fois établis, si le peuple forme lui-même une partie intégrante de l'institution judiciaire, alors il ne craindra plus que ce pouvoir puisse prendre ou recevoir aucune extension abusive, attenter à sa liberté, ou se tourner contre le but de son institution.

« Dans un pays voisin et longtemps le seul libre de l'Europe, et dans un autre qui de nos jours a conquis sa liberté, le jugement par jurés, au civil et au criminel, est regardé comme le boulevard de la liberté individuelle. Nous avons joui nous-mêmes longtemps de cette institution: elle a précédé chez nous le temps de la mauvaise foi et de cette multitude de procès que nous voyons encore. Ainsi la raison, la justice, l'expérience et même les faits historiques, tout s'accorde pour consacrer cette précieuse institution. »

L'assemblée constituante, par une fâcheuse timidité, ajourna l'institution du jury pour les affaires civiles, mais elle institua le jury pour les affaires criminelles et spécialement pour les affaires politiques et pour les affaires de presse, même poursuivies au civil, comme la garantie indispensable de la liberté des citoyens.

C'est surtout dans les accusations que la liberté des citoyens est compromise, suivant une très-juste et très-profonde observation de Montesquieu. Il ne faut pas que les accusations légèrement accueillies ou arbitrairement intentées puissent devenir un prétexte d'attenter à la liberté des citoyens.

L'Assemblée constituante, suivant en cela l'exemple de l'Angleterre, ne s'était pas contentée d'instituer un jury de jugement : elle avait encore institué un jury d'accusation ou d'instruction, institution beaucoup plus essentielle encore que celle du jury de jugement, car elle devait rendre impossible tous les abus de la détention préventive.

Cette institution du jury d'accusation devait empêcher que la liberté des citoyens ne fût livrée à la merci d'un juge d'instruction, qui puisse détenir un citoyen innocent pendant des semaines et des mois, sous le prétexte d'une accusation imaginaire; qui puisse prolonger indéfiniment l'instruction d'une affaire et aggraver ainsi d'une façon tout à fait arbitraire la situation de l'accusé[1]; qui, maître absolu de la personne de l'accusé pendant cette détention préventive, puisse lui infliger de

1. Il n'appartient qu'aux lois, dit Beccaria, de fixer l'espace de temps que l'on doit employer à la recherche des preuves du délit. Si le juge avait ce droit, il serait législateur. » Le juge d'instruction a ce droit en France, et il peut prolonger aussi longtemps qu'il lui plaît la détention préventive d'un prévenu, sans encourir aucune responsabilité, alors même que l'innocence éclatante du détenu serait postérieurement reconnue et constatée.

véritables tortures pour lui arracher des aveux ou entraver ses moyens de défense de façon à le placer sous une présomption tellement formidable de culpabilité, qu'il ne lui soit plus que difficilement son innocence devant les juges.

Les constituants de 1789 avaient prévenu tous les inconvénients et tous les abus de la détention préventive par l'institution du jury d'accusation.

Ce n'était pas à un juge de police, mais à huit citoyens tirés au sort que les constituants avaient donné le droit de priver un homme de sa liberté pendant l'instruction de son procès.

C'est là la véritable solution à laquelle il faut revenir. Huit citoyens, qui pourront ou qui ont pu se trouver placés eux-mêmes sous le coup d'accusations fausses ou arbitraires et qui savent la valeur de la liberté, ne priveront point facilement un de leurs concitoyens de cette précieuse liberté; pour qu'ils puissent s'y résoudre, il faudra qu'il existe des présomptions graves.

Les légistes, qui dans ces derniers temps se sont occupés des inconvénients si graves de la détention préventive, ont proposé diverses solutions, notamment la mise en liberté sous caution, l'indemnité à accorder à ceux qui auront été victimes d'une détention préventive non justifiée.

La mise en liberté sous caution créerait un privilége pour les riches, et il faut surtout se préoccuper des malheureux qui n'ont d'autre fortune que leur travail, et pour lesquels la détention préventive est d'autant plus cruelle qu'elle ne leur enlève pas seulement la liberté, mais encore l'existence et l'existence de leurs femmes et de leurs enfants.

L'indemnité peut donner lieu à des abus et d'ailleurs serait dans la plupart des cas insuffisante. Quelle indemnité pourrait réparer le préjudice fait à un homme enlevé brusquement à ses affaires et à son travail, privé de sa liberté et de son activité pendant plusieurs semaines, et souvent atteint plus ou moins profondément dans son honneur par cette mesure non justifiée?

Ce ne sont là que de vains expédients. Il faut revenir aux principes, au jury d'accusation, qui prévient, en même temps que ceux de la détention préventive, tous les inconvénients et tous les abus non moins graves de l'instruction secrète, confiée à l'arbitraire d'un juge agissant sans responsabilité et sans contrôle.

Le passage suivant du rapport de Beaumetz à l'Assemblée constituante où il signale l'urgence d'une réforme de l'ancienne ordonnance criminelle est encore plein d'une actualité saisissante, tellement il est vrai que tous les anciens abus se sont reconstitués, à l'ombre de ces principes de 1789, sous l'invocation desquels se sont placées toutes nos constitutions successives :

« C'est surtout la première information, celle qui doit précéder et motiver le décret d'accusation, qu'il serait alarmant de laisser consommer dans la nuit du secret actuel de la procédure. La loi doit elle-même environner son ministre du respect qu'elle doit exiger pour lui ; mais c'est en le plaçant dans la lumière qu'elle doit l'investir de confiance et d'honneur : il dispose du sang des hommes, et les hommes ne sauraient trop constater par leurs yeux avec quelle sainte circonspection ce ministère redoutable est exercé.

« Renfermés dans des murs impénétrables, un commissaire, un greffier, un témoin tiennent aujourd'hui le fil de la vie des citoyens. Un commissaire, pénétré du sentiment effrayant de ses devoirs, incapable de ce relâchement que produit l'habitude, supérieur à toutes les passions de l'humanité, mais sujet, hélas ! à l'erreur, qu'il n'est pas donné aux hommes d'éviter constamment ! Un témoin, souvent grossier, et qui ne connaît ni l'ordre des idées, ni la valeur des expressions ! Un greffier, instrument passif et presque toujours subordonné ! Chaque mot qui échappe au témoin, et qui est dicté par le commissaire sera recueilli et apprécié par le juge ; chaque mot décidera du degré de la preuve et du destin de l'accusé ; cette rédaction sera pesée, en jugeant, au poids du sanctuaire ; mais elle aura été l'ouvrage d'un seul, d'un seul qui avait à démêler l'obscurité du langage rustique d'un témoin, d'un seul qui n'a pu être averti s'il s'est trompé et qui, dans tous les cas, ne peut avoir que sa conscience pour surveillant et pour juge.

« L'intérêt de l'accusé ne nous a pas paru suffisamment protégé dans cet ancien ordre de procédure, et la publicité, dont vous attendez de si heureux effets, vous semblerait trop tardive si l'instruction avait déjà fait d'aussi grands pas avant de lui être soumise.

« Il a donc fallu imaginer un moyen d'accorder la vindicte publique avec la sécurité de l'accusé, et c'est pour y parvenir que nous vous proposons d'adjoindre au ministère public et au juge, pour toutes les procédures qui précéderont le décret d'accusation, un certain nombre de citoyens notables, liés par un double serment à garder le secret des actes dont ils seront témoins, et à veiller pour l'accusé à la régularité, à l'impartialité de toutes les opérations. »

Toutes ces garanties essentielles de la liberté individuelle ont été complétement supprimées.

L'organisation judiciaire a été complétement dénaturée.

La nomination des juges fut mise entre les mains du premier consul par la loi du 27 ventôse an VIII, et le pouvoir exécutif ne s'est plus dessaisi depuis de cette prérogative, destructive des fondements mêmes de l'établissement de 1789, destructive de la liberté des citoyens en même temps que de l'indépendance des juges.

L'inspiration de cette loi est facile à deviner.

Bergasse, dans son premier rapport fait au nom du comité de constitution sur l'organisation du pouvoir judiciaire, le 17 août 1789, présentait cette observation profonde :

« Tous ceux qui ont voulu changer l'esprit des nations se sont singulièrement attachés à organiser, au gré de leur dessein, le pouvoir judiciaire ; trop habiles pour en méconnaître l'influence, on les a vus, par la seule forme des jugements, selon qu'ils se proposaient le bien ou le mal des peuples, appeler les hommes à la liberté et à toutes les vertus qu'elle fait éclore, ou les contraindre à la servitude et à tous les vices qui l'accompagnent. »

Charles Comte a caractérisé la mesure avec une netteté expressive dans ses *Considérations sur le pouvoir judiciaire*, faisant justice de toutes les prétendues objections sur les inconvénients de l'élection des juges par le peuple : « C'est précisément, dit-il, parce que l'institution était bonne qu'elle a été supprimée. »

L'institution du jury a été dénaturée comme le reste. Aux termes de la constitution de 1791 tous les électeurs étaient jurés, et c'est là le caractère essentiel du jury, qui doit être composé de citoyens pris au hasard dans toutes les classes de la société.

La constitution de l'an VIII a livré le choix des jurés à l'arbitraire des préfets et des sous-préfets. La constitution de 1848, revenant aux principes, appela à être jurés tous les citoyens, âgés de trente ans et jouissant de leurs droits civils et politiques. Mais la loi du 4 juin 1853 a rendu la désignation des jurés à l'arbitraire administratif.

Une liste préparatoire de jurés est dressée dans chaque canton, par une commission composée du juge de paix du canton et des maires des communes du canton. Une seconde commission, composée du préfet et du sous-préfet, et de tous les juges de paix de l'arrondissement, choisit sur les listes préparatoires le nombre de jurés nécessaires pour former la liste d'arrondissement, conformément à la répartition établie par le préfet.

Peut-on dire que l'institution du jury existe vraiment avec un pareil système?

Nous laissons à un magistrat illustre (Henrion de Pansey, *De l'autorité judiciaire*) le soin de faire la réponse : « Si une nation indifférente sur la liste de ses jurés en abandonnait la formation à la volonté d'un administrateur; si cet administrateur était révocable, si la loi lui donnait le droit de choisir dans toutes les classes de la société, cette nation se tromperait fort si elle croyait avoir des jurés, *dans la réalité elle n'aurait que des commissaires.* »

Quelle garantie d'indépendance peuvent offrir ces jurés, surtout en matiere politique?

Il est fortement question en ce moment de restituer au jury la connaissance des délits de presse.

Ce ne serait que justice. Car livrer les journalistes d'opposition à des juges nommés par le gouvernement c'est le renversement des lois les plus élémentaires de la justice.

Mais y aura-t-il quelque chose de changé si on fait juger les journalistes par des jurés, qui ne sont, suivant l'expression d'Henrion de Pansey, que des commissaires désignés par l'administration!

Il n'y aura ni liberté, ni justice en France tant qu'on n'aura pas réorganisé de fond en comble l'institution judiciaire tout entière, et toutes les lois partielles que l'on pourrait édicter ne feraient que rendre plus irrémédiable l'excès de l'injustice et de l'arbitraire, en entretenant dans le public l'illusion que la justice et la liberté existent à un degré quelconque dans nos institutions.

CHAPITRE VIII

Comment la séparation de la justice et de l'État est la garantie suprême de la liberté.

Nous avons insisté longuement sur ce sujet. Mais c'est que c'est dans l'institution judiciaire que réside la base même de la liberté.

Tous les changements que l'on pourrait apporter dans les lois, dans les constitutions, dans la forme du gouvernement seraient vains, s'il n'y avait pas une institution judiciaire indépendante, capable de protéger les citoyens contre les attentats du despotisme et de l'arbitraire, d'où qu'ils viennent, capable de leur garantir la jouissance des droits inaliénables et imprescriptibles dont la consécration a été la grande conquête de la Révolution.

Il ne faut pas oublier que la vie de l'humanité

est une lutte constante, une lutte pour la civilisation et le progrès; une lutte pour l'affranchissement et l'indépendance qui sont les conditions essentielles de la civilisation et du progrès; que cette lutte est engagée contre la nature, mais aussi contre le despotisme gouvernemental, dont le calcul a toujours été de confisquer à son profit les résultats obtenus par le peuple; que le despotisme autocratique de l'ancien régime s'est reconstitué dans le parasitisme des classes gouvernantes.

Tous les efforts pour l'affranchissement social, pour le développement intellectuel et moral du peuple, attaquent indirectement au moins le privilége des classes gouvernantes; il résulte de là que tous ces efforts leur sont suspects. Si les citoyens qui se dévouent à l'œuvre de l'initiation du progrès social ne sont pas garantis, s'ils n'ont pas la sécurité en même temps que la liberté, aucune action soutenue, aucun résultat sérieux n'est possible. Les lois destinées à assurer un développement plus grand de la liberté, ne sont que des piéges et se retournent fatalement contre le but de leur institution.

C'est ainsi que la loi sur le droit de réunion, même restreinte et arbitraire comme elle l'était, a pu paraître aux citoyens de bonne volonté et de bonne foi, un moyen d'échanger leurs idées, de préparer, comme le gouvernement paraissait les y convier, l'amélioration sociale, la transformation du sort des travailleurs et des conditions du travail. Mais les dernières poursuites nous ont appris que la pratique de cette loi a servi à la police à dresser des listes de suspects ; et nous avons vu avec stupeur que l'on reprochait à des citoyens, non pas seulement d'avoir pris part aux discussions des réunions publiques, mais encore d'y avoir assisté et d'avoir prêté leur nom pour faire les déclarations préalables exigées par la loi.

C'est une chose terrible, qui rien que d'y songer nous donne le frisson, que la facilité avec laquelle des citoyens sont privés de leur liberté sur des dénonciations ou des suspicions de police, trop heureux encore quand ils peuvent en être quittes pour une longue et pénible détention préventive, et quand ils ne se trouvent pas enveloppés dans une de ces accusations si vagues de complot, de sociétés secrètes ou d'intelligences à l'intérieur, auxquelles les plus innocents n'ont aucune certitude d'échapper, et dont la conséquence était, naguère encore, outre des peines rigoureuses, la perspective toujours imminente de la transportation à Cayenne, par simple mesure administrative.

Les abus odieux et monstrueux, auxquels peut donner lieu un semblable état de choses, destructeur de toute sécurité en même temps que de toute liberté, ne seraient pas possibles s'il y avait des juges indépendants et responsables, élus par le peuple et assistés dans toutes leurs opérations, de jurés émanant véritablement du peuple, qui prononceraient sur le fait de façon qu'il ne reste aux juges qu'à appliquer la loi, et à faire respecter les principes souverains qui doivent dominer la loi.

Car il faut que les libertés essentielles, la liberté individuelle, la liberté de la presse, la liberté de réunion et d'association, soient mises une fois pour toutes à l'abri de toute contestation, à l'abri des coups d'État et des révolutions, et que leur jouissance soit garantie aux citoyens aussi bien contre les attentats des législateurs que contre ceux du gouvernement; il faut que tous les principes constitutionnellement acquis, tels que le suffrage universel par exemple, soient pareillement garantis; il ne faut pas que ces principes puissent être remis perpétuellement en question.

Telle est la mission élevée qui doit appartenir à l'institution judiciaire.

Si les juges sont irresponsables, s'ils forment une classe dans la nation, au lieu d'émaner directement du peuple et d'être en rapports directs et intimes avec les justiciables, toutes les lois, toutes les dispositions et toutes les garanties légales seraient vaines; car il n'existe aucun moyen d'assurer leur exécution.

C'est ainsi que toutes les dispositions inscrites dans notre législation pour garantir la liberté individuelle des citoyens, sont devenues lettres mortes.

On les signale dans nos codes à l'admiration des étrangers qui s'en vont proclamant que nulle part la liberté individuelle n'est entourée de garanties plus grandes qu'en France.

Mais en réalité que deviennent ces garanties?

Elles sont méconnues tous les jours dans les pratiques ordinaires de la justice, et nous en sommes venus à les oublier nous-même en face de l'impossibilité où nous sommes placés d'obtenir leur exécution rigoureuse.

Quel recours ont les citoyens contre les arrestations arbitraires, faites sans mandat régulier?

Quel recours contre les violences et les brutalités des agents de police?

Car tous les démentis jetés du haut de la tribune du Corps législatif, ne peuvent pas en imposer à ceux qui ont jamais assisté aux charges faites sur des citoyens paisibles, par ces agents de police que M. le ministre de la justice, Émile Ollivier, appelle

« *d'admirables citoyens, dont on ne peut parler qu'avec respect*[1] ! »

Sans même remonter aux dispositions protectrices de nos codes tombées en désuétude par suite du parti-pris des magistrats de n'en tenir aucun compte, qu'il nous suffise de rappeler qu'une loi a été faite le 14 juillet 1866, ayant pour objet spécial et déterminé d'alléger les rigueurs de la détention préventive et d'étendre la mise en liberté provisoire, avec ou sans caution, à tous les cas où la détention préventive n'était pas rigoureusement indispensable.

Quel compte ont tenu les magistrats des intentions formellement exprimées du législateur[2] ?

Absolument aucun.

1. Séance du Corps législatif du 8 février 1870.

2. M. Mathieu, rapporteur de la commission, disait dans la séance du 28 mai 1866 : « Nous avons cru qu'il était nécessaire de faire pénétrer *dans l'esprit un peu rebelle, à notre sens, de la magistrature* ce principe que la société devrait être désarmée, là où elle pourrait l'être sans péril pour la sûreté de tous ; qu'il fallait de plus en plus élargir le droit individuel, et, *autant que possible, s'abstenir de la détention préventive*.... Nous avons pensé qu'en inscrivant dans la loi le droit à la liberté dans certains cas, il y aurait de la part du législateur *une telle volonté exprimée* que la magistrature, qui a conscience de ses devoirs et qui sait les remplir, *s'inspirerait enfin* du sentiment révélé par la loi nouvelle ; *qu'en dehors des textes de la loi même, l'idée de la liberté provisoire s'emparerait de la pratique et des faits.* »

Ainsi la liberté des citoyens trouve son plus grand péril là où elle devrait trouver sa garantie suprême !

Voilà pourquoi il n'y a point de liberté en France.

Voilà pourquoi la réforme la plus indispensable, la plus impérieusement requise est la réforme de l'organisation judiciaire.

C'est dans l'institution judiciaire que doit être le véritable boulevard de la liberté.

Que si la France n'est pas capable de s'élever à l'intelligence de cette réforme, il faut désespérer de la liberté en France.

C'est que l'esprit public et le sentiment de la liberté sont irrévocablement perdus chez nous.

Mais nous nous refusons à admettre une semblable hypothèse, et nous allons montrer comment, la liberté étant ainsi garantie, son exercice peut et doit d'une part modifier les abus du gouvernement qui s'opposent à l'expansion de l'initiative individuelle, et, d'autre part, réaliser des transformations sociales qui substituent à l'état actuel d'antagonisme et de misère, un ordre réparateur reposant sur la solidarité universelle et le bien-être universel.

LIVRE II

LES RÉFORMES POLITIQUES

CHAPITRE PREMIER

Position de la question.

Le problème politique considéré jusqu'ici comme étant celui de l'organisation de l'autorité apparaît désormais comme étant le problème de l'organisation de la liberté.

Il s'agit d'opérer une transformation complète dans tout notre organisme politique et social.

Mais nous ne pouvons faire table rase du gouvernement et de la société.

Pour rester sur le terrain pratique qui convient à un programme politique, il faut prendre pour point de départ l'état actuel et l'amener à une transformation progressive.

Il s'agissait d'abord d'avoir un point d'appui : la liberté effectivement garantie.

Nous croyons l'avoir trouvé dans l'institution

d'un pouvoir judiciaire indépendant, véritable magistrature populaire, qui soit chargé de protéger les citoyens contre tout attentat de quelque part qu'il vienne, et qui soit chargé en même temps de leur garantir les droits inviolables et imprescriptibles conquis par la Révolution et consacrés dans le préambule de toutes nos constitutions.

Mais il existe dans notre organisation politique certaines institutions qui sont un obstacle à peu près absolu à l'établissement et au développement de la liberté : il faut donc avant tout et sans relâche poursuivre la suppression ou la transformation de ces institutions, d'autant plus qu'elles sont indépendantes des diverses formes de gouvernement, et se sont toujours maintenues sous tous les divers régimes qui se sont succédé en France depuis soixante ans.

La magistrature, le clergé et l'armée qui enveloppent et dominent par leur triple action et leur triple influence toute la société et le gouvernement lui-même sont les trois assises du despotisme moderne, et vainement donnerait-on au gouvernement l'organisation la plus libérale, tant que subsisteront telles quelles ces trois institutions, il n'y aura pour la liberté ni garanties ni sécurité.

Nous venons de montrer quelle transformation

radicale et complète il fallait faire subir à la magistrature, et comment d'une institution despotique on pouvait faire une institution essentiellement libérale.

Nous allons dire comment il faut procéder à l'égard du clergé et de l'armée.

Il nous restera ensuite à envisager la quatrième plaie de notre société française, la centralisation et le fonctionnarisme qui paralysent toute initiative individuelle et qui étendent sur tout le pays les mailles serrées du despotisme administratif.

Enfin, réservant la question de la transformation définitive du gouvernement pour pouvoir la traiter d'une façon plus complète, quand nous aurons indiqué quelles sont les réformes sociales essentielles qui doivent être le corollaire des réformes politiques, nous examinerons la question de l'impôt, qui est la clef des rapports de l'individu et de l'État, puisque l'État ne subsiste que du produit des impôts. C'est par l'impôt que l'individu tient l'État sous sa dépendance et qu'il peut arriver par une voie énergique mais légale et pacifique à lui imposer, quand elles seront arrivées à maturité dans l'opinion publique, les réformes et les transformations qu'il se refuserait à consentir volontairement.

CHAPITRE II

Séparation de l'Église et de l'État.

L'Église personnifie le principe d'autorité, et elle le consacre en le faisant remonter jusqu'à Dieu, être supérieur sous la dépendance étroite duquel sont placées toutes les créatures humaines.

Dans l'ordre philosophique, l'Église annule la raison de l'homme par la foi, elle annule sa liberté par la grâce. L'homme doit croire aveuglément tout ce qu'enseigne la *révélation*. Puisqu'elle est la parole de Dieu, la religion ne souffre ni examen, ni rectification, ni transformation. Par lui-même, l'homme n'est rien, ne peut rien; il faut la grâce de Dieu pour éclairer sa conscience et sa raison, pour leur permettre de s'ouvrir à la vérité, de comprendre et de pratiquer la justice.

Dans l'ordre politique, l'Église annule tous les droits de l'homme et tous les droits de la nation. Le droit divin était le fondement de l'ancienne monarchie et la rendait inviolable. Les rois étaient les représentants de Dieu sur la terre : toute résistance, toute lutte contre leur pouvoir absolu était insensée et sacrilége. Le pouvoir temporel du pape à Rome repose encore sur ces principes.

La révolution philosophique devait précéder et elle précéda effectivement la révolution politique. Les philosophes du dix-huitième siècle furent les précurseurs des révolutionnaires de 1789. Mais après que les philosophes l'eurent dépouillée de son autorité morale, les révolutionnaires durent encore se préoccuper d'enlever à l'Église ses privilèges politiques et sociaux, car toujours elle a assis sur le pouvoir temporel son pouvoir spirituel. Le clergé sous l'ancien régime formait une féodalité beaucoup plus puissamment organisée que la noblesse.

Un des principes essentiels du droit moderne, c'est que la religion doit rester en dehors de l'État et n'être qu'une affaire de conscience individuelle.

Mais, en dépit de ce principe, l'Église est restée étroitement unie à l'État. Ses ministres, payés sur le budget, sont de véritables fonctionnaires ; ses dignitaires font partie des grands corps de l'État ;

elle jouit de priviléges exceptionnels en vertu desquels non-seulement les lois restrictives du droit de réunion et de la liberté de la parole n'existent pas pour elle, mais encore à toutes les restrictions qui pèsent sur les citoyens se joint l'interdiction de discuter les questions religieuses[1]; elle est investie de la direction morale de l'enseignement public.

Cette influence persistante de l'Église est certainement une des principales causes qui ont empêché la liberté de se naturaliser en France, et, tant qu'elle subsistera, tous nos efforts pour l'affranchissement du peuple seront certainement, comme ils l'ont été par le passé, dépensés en pure perte.

Entre la révolution et l'Église, il y a incompatibilité absolue, antagonisme permanent. Il faut que l'Église tue la révolution, ou bien la révolution tuera l'Église. Il n'y a pas de conciliation possible entre les deux principes.

Si la révolution, tolérante par son essence même, ménage, et même, dans une certaine mesure, honore l'Église, — l'Église, elle, sent qu'elle doit être reine sous peine de ne pas être, et elle a déclaré une guerre à mort aux principes nouveaux.

Toute son influence elle l'emploie à paralyser

1. Loi sur le droit de réunion du 6 juin 1868.

l'action et les développements de la liberté, à la ruiner dans les mœurs et dans les institutions du pays, à fausser la direction de l'esprit public. .

L'Église est le véritable ver rongeur de la société moderne. Elle s'insinue dans la famille par le confessionnal, elle s'empare de l'esprit des enfants par l'enseignement, elle entretient son règne sur les foules par la prédication.

C'est surtout dans l'enseignement public que son influence est pernicieuse.

« Sans éducation, dit excellemment M. Vacherot dans son beau livre la *Démocratie*, il n'y a de société d'aucune espèce, sans une éducation virile et libérale, il n'y a point de société démocratique. A celle-ci il faut des esprits libres et des caractères forts, des hommes en un mot. Le citoyen d'une démocratie doit être initié et formé à la pratique de la liberté politique par le viril exercice de sa raison et de sa volonté. La religion apprend à l'enfant à se défier de sa raison, à s'en servir le moins possible, à voir par les yeux et à se conduire par la main de l'autorité. Or cette servitude de la pensée et de la volonté est pour l'homme enfant une mauvaise initiation à la liberté démocratique et pour l'homme fait un obstacle puissant à l'usage de cette liberté. Le joug de l'autorité religieuse habitue au joug de l'autorité politique....

« L'éducation religieuse, n'ayant pas pour but et pour effet d'apprendre à l'enfant à se gouverner lui-même sans règle et sans direction extérieure, ne fait pas des citoyens pour la démocratie. Elle ne fait que des sujets pour les gouvernements plus ou moins despotiques ou aristocratiques qui exercent le droit de tutelle sur les peuples. »

Il importe donc de retirer à l'Église toute direction et toute influence sur l'enseignement, de lui enlever toute action politique, en un mot de la séparer complétement de l'État.

La vraie formule pratique de la séparation de l'Église et de l'État, c'est l'abolition du budget des cultes. Du moment qu'il n'y a plus de religion d'État et que la religion n'est plus qu'une affaire qui regarde la conscience individuelle de chacun, du moment que chaque citoyen est libre de suivre le culte qu'il lui plaît et qu'un grand nombre de citoyens fait profession de n'en pratiquer aucun, le service des cultes ne peut pas être considéré comme un service public.

Nous sommes fort éloignés de ce résultat. Quoique la séparation de l'Église et de l'État figure dans presque tous les programmes libéraux, la plus grande confusion d'idées règne sur ce sujet.

Cette confusion d'idées, il faut le reconnaître, remonte jusqu'à la Révolution. Les constituants de 1789 ne proclamèrent pas la séparation de l'Église et de l'État. Ils établirent au contraire la constitution civile du clergé, qui faisait des prêtres de véritables fonctionnaires de l'État, et, à cet égard, leur doctrine paraît en défaut au premier abord. C'est qu'il fallait avant tout abolir la féodalité ecclésiastique, et les constituants durent borner leur œuvre immédiate à ce premier résultat.

Mais ils avaient entrevu les véritables termes de la question. « En général, disait Mirabeau, le 14 janvier 1791, la religion n'est pas et ne peut pas être un rapport social; elle est un rapport de l'homme privé avec l'être infini. »

Plusieurs préjugés subsistaient encore dans les esprits qui empêchaient que l'on pût tirer les conséquences pratiques de ces principes.

Mais en dépit de ces préjugés les idées de liberté qui étaient le principe essentiel de la Révolution prévalurent.

La Convention abolit la constitution civile du clergé qui violait la liberté de conscience des catholiques, en assujettissant l'exercice du culte à certaines formalités considérées comme vexatoires et qui compromettait d'une façon générale la liberté de penser en maintenant l'alliance de l'Église et de l'État; — et elle jeta dans le décret du 3 ventôse an III, rendu sur un rapport remarquable de Boissy d'Anglas, les bases véritables de la séparation de l'Église et de l'État et de la liberté des cultes.

Voici les principales dispositions de ce décret: « Article 1er. L'exercice d'aucun culte ne peut être troublé. — Art. 2. La république n'en salarie aucun. — Art. 3. Elle ne fournit aucun local ni pour l'exercice du culte, ni pour le logement des ministres. — Art. 4. Les cérémonies de tout culte sont interdites hors de l'enceinte choisie pour leur exercice. — Art. 5. La loi ne reconnaît aucun ministre de culte. — Art. 6. Tout rassemblement de citoyens pour l'exercice d'un culte quelconque est soumis à la surveillance des autorités constituées; cette surveillance se renferme dans des mesures de police et de sûreté publique. — Art. 10. Quiconque troublerait par violence les cérémonies d'un culte quelconque, ou en outragerait les objets, sera puni. »

Ces principes furent développés et confirmés dans un rapport sur la police des cultes présenté au Conseil des Cinq-Cents par Camille Jordan, le 29 prairial an V (17 juin 1797). Les sentiments sympathiques pour le clergé et la religion catholique manifestés à cette occasion par Camille Jordan firent considérer son rapport comme contre-révolutionnaire, mais cette tendance même ne fait que rendre plus remarquable l'adhésion formelle qu'il donne au principe de la séparation de l'Église et de l'État, et il en développe les applications d'une façon vraiment large et élevée.

Nous trouvons notamment dans le rapport de Camille Jordan une page sur le serment politique qu'il est utile de citer parce qu'elle pose avec beaucoup de netteté sur son véritable terrain cette question qui est encore si controversée aujourd'hui :

« La première, la plus immédiate conséquence de la liberté des cultes, c'est la liberté absolue des idées religieuses. Il ne sera pas permis au législateur de s'interposer entre l'homme et la divinité; il ne lui sera pas permis d'exiger du citoyen aucune profession de croyance religieuse, aucun acte qui suppose qu'il a telle ou telle doctrine.

« De là suit une grande vérité qu'il est temps de proclamer en France, c'est que sous la loi de la liberté des cultes, le législateur ne peut plus exiger de serments.

« Le serment est par essence un acte religieux ; il est un pacte formé avec les hommes, mais en présence de la divinité; elle y est invoquée comme témoin et comme juge ; on suppose qu'elle lit au fond des cœurs, qu'elle commande la vérité et punira le mensonge. Tout cela est renfermé dans ce seul mot, *je le jure*. On y promet ensuite un objet déterminé.

« Or, d'abord, il est des hommes dans l'État qui ne croient pas à ces vérités fondamentales de l'existence de Dieu, de la providence divine, et qu'on ne peut contraindre d'y rendre hommage; il y a des sectes religieuses qui ne permettent pas cette invocation de la divinité que suppose le serment, tels les quakers, les anabaptistes; il y en a qui, quoique admettant les serments, n'en usent qu'avec une excessive réserve; il en est enfin qui, pour mille raisons, peuvent trouver l'objet particulier sur lequel porte le serment en contradictions avec leurs idées religieuses. Le législateur ne saurait ici s'ériger en juge, prévoir toutes les opinions, y comparer ses formules, et s'assurer qu'il ne viole point par le serment qui lui paraît le plus pur la liberté des consciences.

« Pendant que le serment exige beaucoup des hommes qui professent une certaine religion, il n'impose rien aux hommes qui n'en professent aucune, et, sous ce rapport, il viole l'égalité politique: il a lié les uns et n'a pas lié les autres. Sous ce rapport encore se manifeste son inutilité : le législateur prétend l'employer comme garantie, et cette garantie n'atteint pas tous les citoyens; elle est incertaine et bornée; plus l'empire des opinions religieuses s'affaiblit, plus elle diminue; dans un siècle corrompu elle est presque annulée. Mais qu'est-il besoin d'invoquer les principes dans une question qu'éclaire une si déplorable expérience? Que ne nous a-t-elle pas dit sur l'abus et l'inutilité des serments? Jamais, depuis quelques années, le ciel entendit-il plus de serments d'obéissance aux lois? Jamais fut-il témoin de plus d'infractions aux lois? Jamais le gouvernement s'appuya-t-il davantage sur cette garantie? Jamais en reçut-il une plus faible assistance? Au lieu de contenir les méchants, nos serments ont tourmenté la conscience des gens de bien; au lieu d'ajouter à la solennité des engagements, ils ont presque anéanti la simple religion des promesses; ils ont révélé à tous le secret de l'ancienne corruption de nos mœurs; ils en ont précipité la ruine.

« Aussi l'opinion publique demande-t-elle à grands cris que vous fassiez à jamais disparaître du milieu de nous ces jeux impies. Le peuple repousse tous les serments par lassitude, en même temps qu'il les rejette par conviction; partout il vous répète ce dilemme si simple : législateurs, les bons seront fidèles sans serments, les méchants seront rebelles malgré tous les serments; retranchez donc ces formules contradictoires à nos lois, inutiles à notre repos, corruptrices de notre morale. »

Lorsque Napoléon voulut rétablir à son profit le pouvoir absolu, il songea naturellement au précieux concours que l'Église avait de tout temps prêté au despotisme. Les rancunes de l'Église contre la Révolution devaient rendre une entente facile, et Napoléon conclut avec le pape le Concordat, qui est encore la loi des rapports de l'État avec l'Église. Les prêtres devinrent ainsi les satellites, les auxiliaires de son despotisme. Il fit du clergé *une sorte de gendarmerie sacrée*, suivant la naïve expression d'un panégyriste du Concordat[1].

Mais les démêlés postérieurs de Napoléon avec le pape, les humiliations par lesquelles il fit si durement payer à l'Église la protection qu'il lui accordait contribuèrent à donner le change à l'opinion publique. Comparé au gouvernement de la Restauration, honteusement dominé par la congrégation et par les jésuites, Napoléon parut le représentant fidèle de la Révolution, et toutes les idées révolutionnaires sur les relations de l'Église et de l'État furent profondément faussées.

Lorsque éclata la révolution de 1848, les hommes d'État républicains ne songèrent pas à déchirer le Concordat, ni à séparer l'Église de l'État, ni à supprimer le budget des cultes.

1. Bignon, *Histoire diplomatique*.

La première préoccupation du gouvernement provisoire fut « d'associer la consécration du sentiment religieux au grand acte de la liberté reconquise, » et, à cet effet, il invita les ministres des cultes « à appeler la bénédiction divine sur l'œuvre du peuple. »

« Que signifiait ce baptême qu'allait chercher la Révolution de 1848? » demande M. Quinet dans son livre remarquable : *l'Enseignement du peuple.* « Le voici : En France, toute révolution qui reconnaît qu'elle n'a pas en soi une force morale assez grande pour soutenir et sauver la société est une révolution qui se livre. Déclarer qu'elle a besoin d'une autre puissance que la sienne, c'est tomber sous la dépendance de cette puissance étrangère. Rien, en un mot, ne peut corriger ce premier manque de foi. Quelle est la différence de la Révolution de 1789 et de celle de 1848? La première a cru qu'elle pouvait sauver le monde par sa propre énergie spirituelle; elle a enfanté les grandes choses et les grands hommes que l'on connaît. La seconde a cru qu'elle ne pouvait sauver le monde si elle n'avait l'appui du prêtre. Elle est allée nécessairement aboutir à l'expédition romaine. »

« *Le ministre de la religion* et le maître d'école sont, à nos yeux, les deux colonnes sur lesquelles doit s'appuyer l'édifice républicain, » disait M. Carnot, le ministre de l'instruction publique du gouvernement provisoire, qui allait devenir lui-même la première victime de la réaction cléricale, qu'il introduisait ainsi dans la République, en lui livrant les clefs de la place, par une faiblesse coupable.

L'expérience de 1848 n'a pas profité à nos libéraux, et la même confusion subsiste dans leur esprit.

M. Jules Simon a écrit un traité de politique générale intitulé *la Liberté*, et il a consacré un ouvrage spécial à *la Liberté de conscience*. Il demande naturellement la séparation de l'Église et de l'État, et il a prononcé dans ces derniers temps un discours au Corps législatif sur ce sujet. Mais comment l'entend-il?

M. Jules Simon ne veut pas qu'on supprime le budget des cultes, et il invoque à l'appui de son opinion de bien singuliers arguments : « Pour laisser ainsi le clergé dans le dénûment, dit-il [1], ou pour renoncer de gaieté de cœur à tout exercice public du culte, on n'oublie qu'une seule chose : c'est que la liberté des cultes est une liberté tout comme une autre, et qu'à ce titre elle doit être sacrée même pour ceux qui ne croient à la légiti-

1. Introduction à *la Liberté de conscience.*

mité d'aucun culte. Donner la liberté et refuser les instruments de la liberté, c'est tout uniment ajouter l'hypocrisie à la tyrannie. On doit considérer aussi qu'un culte mesquin, un clergé besogneux sont à la fois un scandale et un danger publics. »

Il n'est pas permis, même à un philosophe, de déraisonner d'une façon aussi choquante. Eh quoi! la liberté des cultes n'existe qu'à la condition que les cultes soient subventionnés! Ceux qui ne croient à la légitimité d'aucun culte devront, s'ils ne veulent ajouter l'hypocrisie à la tyrannie, contribuer aux frais des cultes! Voilà bien une théorie nouvelle de la liberté! Ainsi la liberté de la presse n'existera pas si on se contente de laisser aux journaux des diverses opinions la liberté de se publier, et si on n'avise pas, en outre, à les subventionner, et ceux même qui ne partagent pas les opinions d'un journal seront obligés de contribuer à sa publication, sous peine de joindre l'hypocrisie à la tyrannie. Ce serait dans cet acte, au contraire, de contribuer au soutien d'une opinion à laquelle on ne croit pas que serait l'hypocrisie, et c'est bien là un des plus graves arguments contre le budget des cultes, qu'il est le budget de l'hypocrisie. Mais ce serait perdre son temps que de réfuter de pareils arguments. C'est justement parce que la liberté des cultes est une liberté tout comme une autre que le raisonnement de M. Simon est inacceptable et absurde.

M. Laboulaye, qui est un des chefs du parti libéral, dont il a formulé le programme avec plus d'autorité que personne, ne veut pas davantage abolir le budget des cultes. « Un pareil trouble, dit-il, qui mettrait le culte en danger, serait un mal sans compensation. Jusqu'à ce que la liberté soit organisée, le devoir de l'État est de protéger les Églises. Le respect de la liberté ne peut aller jusqu'à permettre à l'individu de ruiner l'avenir. Le salaire d'ailleurs ne fait pas le prêtre fonctionnaire. Celui-ci ne fait pas un service au nom de l'État. L'État qui salarie n'est que l'intermédiaire et le caissier des fidèles. » L'argumentation de M. Laboulaye pourrait avoir quelque valeur si les fidèles seuls concouraient au budget des cultes, ou plutôt s'il n'y avait dans l'État qu'une religion, laquelle serait professée par tous les citoyens. Mais comme il n'en est rien, l'argument n'est pas même spécieux.

Il faut aller au fond de la pensée de MM. Jules Simon et Laboulaye, et de ceux qui avec eux tout en réclamant la séparation de l'Église et de l'État, veulent cependant conserver au service des cultes le caractère d'un service public.

De leur part il n'y a pas seulement une inconséquence de la raison, une absence de logique ou une regrettable timidité.

Non, il y a un préjugé fondamental, un préjugé qui a des racines profondes dans le monde et qui tant qu'il subsistera rendra impossible toute réelle liberté religieuse, toute séparation sincère de l'Église et de l'État.

Ce préjugé c'est celui qui repose sur la confusion de la morale et de la religion.

C'est une opinion invétérée que la loi morale a sa source dans la religion.

Mais de la part de nos adversaires, qui sont des esprits émancipés, il y a pire : leur préjugé est un préjugé purement aristocratique.

Il faut une religion pour le peuple : les hommes qui ont une culture intellectuelle supérieure et probablement aussi un esprit d'une trempe privilégiée peuvent seuls se passer de religion. Voilà quel est le fond de leur pensée.

M. Jules Simon le laisse entendre clairement, dans le passage que nous avons déjà cité : « Enfin, ajoute-t-il, ce qui à mes yeux tranche la question, c'est que l'humanité a besoin pour sa *consolation* et son *édification* d'un culte public. »

C'est-à-dire : *Il faut une religion pour le peuple afin de lui faire prendre sa misère en patience et de le contenir*.

C'est bien la clef de voûte du despotisme moderne. Le clergé enchaîne l'intelligence du peuple; en lui prêchant l'abnégation, il rive les chaînes de son esclavage, et il donne à son infériorité sociale, à sa misère, à son abjection, une sorte de consécration divine.

Cette opinion est la négation la plus insolente de la liberté et de l'égalité qui sont les principes essentiels de la révolution.

Il faut le proclamer bien haut : le dogme religieux et la doctrine morale sont deux choses complétement distinctes. La morale est humaine et sociale, elle est d'ordre scientifique et primitif. La religion est d'ordre divin, elle procède de la révélation. Ces deux choses n'ont rien à voir ensemble, et l'histoire est là pour attester que, bien loin que la religion ait été en aucun temps l'auxiliaire de la morale, elle l'a au contraire toujours altérée et faussée.

La société peut être rassurée sur les conséquences de la liberté appliquée aux rapports de l'Église et de l'État; la foi pourrait s'évanouir, les cultes pourraient disparaître sans que la morale publique et l'ordre social soient le moins du monde ébranlés.

C'est là véritablement le nœud de la question. En effet si la morale est indissolublement liée à la religion et si elle puise en elle sa source, comme on ne peut concevoir une société sans morale, il en résulte nécessairement qu'une alliance étroite a raison d'exister entre l'Église et l'État; il en résulte nécessairement aussi que la religion comme la morale est le fondement des sociétés humaines, et nous sommes ramenés logiquement sous une forme ou sous une autre, à la reconnaissance du droit divin primant toutes les libertés sociales et politiques.

Mais la justice ne réside pas dans l'Église, elle réside dans la Révolution. C'est là une des thèses que Proudhon a démontrées avec le plus de force, et il a ainsi puissamment contribué à l'affranchissement de l'humanité.

Dans tous les cas il importe d'établir une distinction essentielle entre la Religion qui a pour objet les intérêts spirituels et l'État qui a pour objet les intérêts temporels. Le bon sens non moins que le souci de la liberté exige qu'entre ces deux ordres d'intérêts, il n'y ait aucune confusion. Il faut reconnaître l'absurdité logique d'un traité entre deux puissances qui n'ont entre elles aucun rapport naturel, à moins que l'État ne reconnaisse la supériorité antérieure et divine de l'Église.

« Si le Concordat n'est point un traité entre deux puissances temporelles, » disaient avec raison en

1818 les rédacteurs du *Censeur européen*, « si le pape y paraît, non comme prince d'une partie de l'Italie, mais comme chef de l'Église, il ne peut y être question que d'intérêts spirituels, c'est-à-dire des intérêts d'une autre vie. Mais comment nos ministres peuvent-ils avoir à traiter sur de tels intérêts ? qui les a chargés de nos âmes? »

La conclusion c'est la séparation absolue de l'Église et de l'État, c'est la suppression du budget des cultes avec la liberté laissée à chacun de pratiquer tel culte qu'il lui plaira, en payant comme il l'entendra les ministres du culte. Ceux qui voudront des prêtres les payeront comme ils payent leur médecin.

Il importe aussi de séparer d'une façon absolue l'enseignement moral et l'enseignement religieux, Que le clergé puisse élever des écoles à côté des nôtres, c'est une conséquence de la liberté, mais il faut empêcher du moins que le prêtre n'intervienne en aucune façon et sous aucune forme dans l'enseignement public.

Il faut enfin abolir le serment qui est une formule vaine et en contradiction avec le principe de nos lois. La Loi est athée, suivant un mot célèbre.

Il s'agit de repousser l'euvahissement usurpateur de la religion dans l'ordre temporel, où elle n'a que faire, et de la rejeter dans les limites spirituelles, où se trouve son vrai et inviolable domaine.

Tant que ce résultat essentiel ne sera pas obtenu, la liberté de penser n'existera pas avec sécurité, et on ne pourra pas espérer asseoir la liberté politique sur des bases solides.

CHAPITRE III

Les armées permanentes et les milices nationales.

Armée et *liberté* sont deux mots dont l'accouplement est un contre-sens prouvé par l'histoire, » a écrit quelque part M. Émile de Girardin.

Les armées permanentes ont toujours été un instrument de despotisme, et leur existence est incompatible avec un régime politique vraiment libéral.

« Chez une nation éclairée et avec un gouvernement libre, dit l'Américain Buchanan, une armée permanente n'est pas seulement inutile, mais encore dangereuse, puisque évidemment elle met le pouvoir entre les mains du souverain. Les lois et les institutions les plus sages ne sont d'aucune utilité si les garanties de l'exécution leur manquent; et comment ces garanties pourraient-elles exister quand le souverain dispose d'un instrument de violence aussi formidable. »

Il importe d'enlever au pouvoir exécutif une arme aussi redoutable : tant qu'il la conservera dans les mains, il n'y aura pour les droits du peuple aucune sécurité.

L'esprit spécial qui préside à l'institution de l'armée est en contradiction formelle avec les principes de la Révolution, et alors même que l'on parviendrait à mettre le pouvoir exécutif dans l'impuissance de s'en servir pour opprimer le peuple, l'armée n'en resterait pas moins par sa nature même essentiellement dangereuse pour les libertés publiques.

« Les intérêts de la profession militaire sont-ils compatibles avec la liberté? Est-il possible que l'armée prospère et que la liberté fleurisse? » se demande M. Dunoyer dans son livre sur *la Liberté du travail*. « L'armée fleurit dans la guerre et la liberté dans la paix; l'armée fleurit par les tributs et la liberté par le travail; l'armée fleurit par les règlements et la liberté périt par les règlements. Le plus grand intérêt de la liberté est de réduire les attributions du pouvoir, et le plus grand intérêt de l'armée est de les étendre.... Il est sensible qu'entre la liberté et la profession des armes, il n'existe point de conditions de prospérité communes, qu'il n'en existe que de contraires, et que les membres de l'armée, loin d'avoir, comme militaires de profession, les intérêts de la liberté à défendre, ont, comme tels, les intérêts du despotisme à soutenir. »

La discipline militaire fondée sur l'obéissance passive est en contradiction formelle avec l'indépendance qui doit être la base du caractère d'un citoyen libre.

A ce point de vue l'influence de l'éducation militaire n'est pas moins préjudiciable au développement de l'esprit public que l'influence de l'éducation ecclésiastique. Quand on songe qu'en France l'esprit des enfants est livré aux prêtres et qu'ensuite l'esprit des jeunes gens est soumis au régime militaire, il ne faut plus s'étonner des difficultés en quelque sorte insurmontables qui s'opposent à l'acclimatation de la liberté dans notre pays. Tout concourt à nous façonner à la servitude.

D'autre part le mode obligatoire et vexatoire du recrutement de l'armée annule toute liberté individuelle et paralyse tout développement de l'initiative. L'impôt du sang, qui enlève les jeunes gens à leur famille, à leur vocation, à leurs aspirations légitimes vers l'indépendance, à leurs rêves et à leurs projets d'avenir et de bonheur pour les soumettre à la servitude du régime militaire pendant les plus belles années de leur jeunesse, est une des gênes les plus terribles que l'on puisse concevoir.

« La conscription, » disait Napoléon Ier lui-même qui en a fait un si épouvantable abus, « la conscription est la loi la plus affreuse et la plus détestable pour les familles[1]. »

L'impôt du sang est en outre entaché de la plus choquante inégalité. Il pèse à peu près exclusivement sur les pauvres, sur ceux pour lesquels il est le plus onéreux puisque ce sont eux qui ont le plus besoin de leur travail, qui est leur unique fortune et souvent l'unique soutien de leur famille. Les riches peuvent s'en exempter, au moyen d'une somme d'argent très-minime, qui n'est pas du tout en proportion avec la rigueur de la charge pour ceux qui doivent payer de leur personne[2].

1. *Opinions de Napoléon*, recueillies par Pelet de la Lozère.

2. Pendant l'élaboration de la loi récente de réorganisation militaire, qui n'a fait que consacrer tous les anciens abus du système, un écrivain de la presse officielle, M. de Toulgoët, faisait ressortir avec une grande force dans l'*Étendard*, l'iniquité fondamentale de ce système :

« S'il reste en France un élément révolutionnaire qui pourrait, à un moment donné, devenir redoutable, il existe dans notre système de recrutement qui consacre l'inégalité sociale la plus choquante.

« Parce que je n'ai pas 3000 fr. d'économies; parce que je ne

Le prince Louis-Napoléon (aujourd'hui l'empereur Napoléon III) flétrissait autrefois avec énergie, dans le *Progrès du Pas-de-Calais*, « ce trafic, qu'on peut appeler la *traite des blancs*, et qui se résume par ces mots : Acheter un homme quand on est riche pour se dispenser du service militaire, et envoyer un homme du peuple se faire tuer à sa place. »

Tant qu'un tel système restera une des bases fondamentales de notre organisation politique, il

puis pas emprunter 3000 fr. sur les produits futurs de mon travail, je suis forcé, à vingt ans, de suspendre ma carrière commencée, de quitter ma famille, ma maison, mon champ, ma fiancée; et près de moi, dans le château, dans l'hôtel voisin, un jeune homme du même âge, dont l'extrait de naissance a été tracé sur la même feuille que le mien et par la main du même commis, à qui les ressources accumulées par un travail qui n'est pas même le sien ont créé un privilége, restera libre dans ses loisirs; alors que moi, dont le labeur représente une partie du bien-être, du nécessaire des miens, de mon bien-être et de l'aisance de mon ménage, de mes enfants dans l'avenir, je devrai défendre, pour le plus grand bien des loisirs de ce voisin privilégié, les conditions de l'ordre intérieur et l'indépendance de la patrie commune.

« Si l'impôt du sang est le plus lourd, pourquoi le faire peser uniquement sur les plus faibles?...

« Et vous trouvez que vous paralysez ainsi les instincts révolutionnaires, en maintenant les dernières traces des antagonismes, les derniers ferments de rancune?

« Non, vous les favorisez par un système aussi loin de l'équité que de la prudence. »

n'y aura, chez nous, ni véritable liberté, ni véritable égalité.

On peut ajouter qu'il n'y aura pas de véritable prospérité. La dépense nécessitée par l'entretien de l'armée permanente absorbe la moitié des ressources de la France, et cinq ou six cent mille jeunes gens, les plus vigoureux de la nation, sont condamnés à un travail improductif.

Le maintien de la paix armée épuise l'Europe, et en particulier la France qui a l'organisation militaire la plus onéreuse. Les charges augmentent tous les jours dans d'énormes proportions. Les sacrifices si pénibles du présent ne suffisent plus à remplir les exigences toujours croissantes de l'avenir.

Les armées permanentes jettent un trouble profond dans la situation économique et morale du pays et des individus. Dans les casernes, le jeune soldat perd les habitudes laborieuses qui sont la loi de son existence ; il se démoralise au contact de l'oisiveté réglementaire. Pour beaucoup, la vie de caserne est une école mutuelle de corruption.

Tous ces inconvénients sont-ils rachetés par les services que rend l'armée qui a la mission importante de défendre le territoire et de garantir la sécurité du travail national? N'y aurait-il pas moyen d'obtenir les mêmes résultats par des procédés moins onéreux et plus conformes aux principes de liberté, d'égalité et de justice sur lesquels repose le droit moderne? maintenant surtout que les progrès de la civilisation et de la solidarité des peuples tendent à éloigner de plus en plus l'éventualité des guerres en vue desquelles ont été instituées les grandes armées. D'autant plus que, suivant une observation profonde de J. B. Say, « loin de protéger l'indépendance nationale, un grand établissement militaire est peut-être ce qui la compromet le plus, par suite des tendances aggressives qu'il détermine chez ceux qui en disposent. »

La question se posait à peu près dans les mêmes termes qu'aujourd'hui en 1789.

« Les armées perpétuelles, disait Mirabeau dans son livre sur les *Lettres de cachet*, n'ont été, ne sont et ne seront bonnes qu'à établir l'autorité arbitraire et à la maintenir. La corruption, la vénalité préparent les chaînes d'un peuple libre; mais c'est et c'est seulement la puissance légionnaire qui les rive.... Lorsque les hommes voient se tourner contre eux les épées qu'ils ont imprudemment laissé lever pour leur défense, ils sont frappés de terreur et laissent renverser la constitution plutôt que d'en être les martyrs.... Pour peu que vous vous relâchiez sur la continuelle vigilance qu'exige la conservation de la liberté, vos chefs s'enrichiront de vos négligences et de vos pertes.... Jamais les prétextes ne manqueront pour augmenter l'armée, lorsque vous aurez autorisé son existence; le pouvoir arbitraire s'élèvera en rampant jusqu'à ce qu'il brise de son sceptre de fer vos priviléges et vos libertés. »

Condorcet compte au nombre des atteintes directes qui peuvent être portées à la liberté individuelle, celle qui consiste à assujettir un homme malgré lui à un service militaire ou civil quelconque. Et après avoir déclaré que le despotisme politique est indestructible si l'on ne détruit pas d'abord le despotisme militaire, il est conduit par la logique à déclarer le despotisme militaire indestructible, « si l'on ne parvient pas à dégoûter les troupes de l'obéissance passive, à inspirer aux chefs, aux officiers, et, par suite naturelle, aux soldats, l'idée qu'ils peuvent se rendre juges des ordres qu'ils reçoivent. »

Les protestations contre l'organisation de l'armée sont au premier rang parmi les revendications des cahiers de 1789. A Brest et dans la banlieue de Paris les députés reçoivent le mandat de « garantir les citoyens des effets de l'obéissance militaire. » et de régler « qu'en aucun cas les troupes ne pourront abuser de leurs armes contre la liberté et la sûreté des citoyens. » Mais surtout un immense cri de haine s'élève du fond des campagnes contre le service forcé, contre le tirage au sort.

La suppression absolue de l'impôt du sang, de tout enrôlement forcé, — « servitude personnelle (Nevers), attentat à la liberté de l'individu (la Rochelle) et de la nation (Metz), » — est le vœu unanime du tiers état.

Ce vœu est dans quelques cahiers l'objet de développements remarquables : — « Le tirage des milices, dit le tiers état de Nemours, renferme toutes les duretés, toutes les cruautés, toutes les injustices qu'il soit possible de combiner dans une imposition. C'est un impôt qui enlève plus que les biens, qui s'empare de la personne du contribuable. Il ne porte pas sur la société entière. Non-seulement il n'y a que les citoyens du tiers qu'on y ait soumis, mais encore ce n'est point en proportion de leur fortune, c'est à raison de leur taille qu'ils s'y trouvent assujettis.... La répartition entre les hommes de taille n'est point faite de manière à ce qu'ils contribuent également. Le sort en prend un seul, il l'enlève à lui-même, à sa famille, aux travaux les plus utiles pour la société. Ceux que le billet noir n'a pas soumis à la même tyrannie sont les maîtres de s'en retourner chez eux et de ne rien payer du tout.... Il est impossible de perfectionner une institution aussi odieuse, aussi tyrannique, aussi violatrice du droit des citoyens, aussi dangereuse pour l'agriculture. Il est donc juste, raisonnable, indispensable de supprimer le tirage des milices. »

La véritable solution du problème de la défense nationale avait été entrevue par Mirabeau qui l'avait formulée avec sa netteté habituelle : « Point de mercenaires et point d'armée permanente! Le peuple tout entier investi du droit de porter les armes pour la défense commune. »

Cette idée avait été popularisée par une brochure de Servan, publiée sous ce titre expressif : *Le soldat citoyen*, qui avait eu un grand retentissement. L'Assemblée constituante se chargea de la faire passer dans les institutions nouvelles dont elle avait reçu la mission de doter le pays.

Les principes nouveaux qui devaient régir cette importante matière sont énoncés avec une grande fermeté dans un rapport fait au nom du comité militaire par Dubois-Crancé, le 12 septembre 1789.

Dubois-Crancé dit que les armées ont toujours été un danger pour la liberté des nations, parce qu'elles ont été un instrument aveugle entre les mains du pouvoir. Il s'agit donc de nationaliser l'armée : « Dans une nation qui veut être libre, qui est entourée de voisins puissants, criblée de factions sourdes et ulcérées, tout citoyen doit être soldat et tout soldat citoyen.... J'établis pour axiome qu'en France tout citoyen doit être soldat et tout soldat citoyen, ou nous n'aurons jamais de constitution [1]. »

C'est là un principe essentiel et fondamental qui n'admet point de dispense : « Si vous tolérez une fois les remplacements, tout est perdu; de proche en proche tous les riches voudront se soustraire au service personnel, et les pauvres resteront seuls chargés de cette fonction, si noble pour un peuple libre; alors le métier des armes retombera dans son avilissement, le despotisme en profitera, et vous redeviendrez esclaves. »

« Mais il n'en résulte pas, poursuit Dubois-Crancé, que nous devions arracher sans cesse aux travaux de l'agriculture et du commerce, ni aux autres fonctions utiles que ce vaste empire offre à l'industrie, des bras essentiels. Eh! à quoi servirait la liberté, si on tarissait les sources du bonheur? »

Voilà donc le système qu'il propose : un front de troupes réglées, établies sur les frontières, recru-

1. Dans notre système politique les citoyens ne sont pas soldats, et les soldats ne sont pas citoyens. Voilà pourquoi nous n'avons pas de constitution, c'est-à-dire pas de véritable liberté.

tées par engagements volontaires; des milices provinciales, composées de tous les célibataires actifs de dix-huit à quarante ans, qui s'assembleraient une fois par semaine pour s'exercer en commun, et seront destinées à compléter l'armée, à raison du besoin, en temps de guerre; enfin la garde nationale, « sceau véritable de la constitution, » comprenant tout homme en état de porter les armes, « formant une troisième ligne de douze cent mille citoyens armés prêts à défendre leurs foyers et leur liberté envers et contre tous. »

La discussion confirma ces principes, et c'est sur ces bases que l'Assemblée constituante établit la nouvelle institution militaire.

Tels sont les vrais principes de 1789 sur cet important sujet.

La Convention ne se départit pas de ces principes, c'est avec cette organisation vraiment nationale qu'elle fit face aux terribles hostilités que tout le monde sait.

Et, à mesure que la gravité des circonstances donnait plus d'importance à l'élément militaire, les conventionnels s'attachaient à la nationaliser davantage, afin qu'il ne pût jamais devenir un instrument de despotisme.

C'est ainsi que l'on décréta l'assimilation des troupes de ligne et des volontaires nationaux, que l'on étendit à toute l'armée le principe de l'élection aux divers grades, et que la direction des affaires militaires fut soumise à l'action directe du pouvoir législatif.

Les idées qui présidèrent à ces actes sont développées dans un remarquable rapport de Saint-Just proclamant qu'il n'y avait qu'un moyen de résister à l'Europe, c'était *de lui opposer le génie de la liberté.*

« Le peuple » disait Saint-Just, « n'a pas d'intérêt à faire la guerre. La puissance exécutrice trouve dans la guerre l'accroissement de son crédit, elle lui fournit mille moyens d'usurper, c'est pourquoi mon dessein serait de vous proposer que le ministère militaire, détaché de la puissance exécutrice, ne dépendît que de vous seul et vous fût immédiatement soumis.... Si l'on remarque bien la principale cause de l'esclavage dans le monde, c'est que le gouvernement chez tous les peuples est le maître des armées. »

Mais cette organisation excellente pour la guerre défensive, n'était pas du tout propice aux entreprises conquérantes, ni aux guerres inutilement prolongées.

Ce fut le Directoire qui, à une époque où la guerre ayant perdu son grand caractère de défense nationale, ne provoquait plus le même enthousiasme patriotique, établit ou plutôt rétablit la conscription.

Le fonctionnement de la conscription fut régularisé par le Consulat, qui en même temps tempéra la rigueur de la loi, en introduisant la faculté des remplacements ; cet adoucissement qui faisait revivre au profit des riches l'ancien privilége de l'exemption de l'impôt du sang dont jouissait autrefois la noblesse, contribua à réconcilier la bourgeoisie avec le nouveau système militaire.

C'est à la faveur de ce retour non déguisé à l'ancien régime que les guerres du premier Empire furent possibles. Elles ne l'eussent pas été avec l'armée nationale telle que l'avait organisée la République. Et si le remplacement n'était pas venu tempérer les rigueurs de la conscription pour les classes riches, seules en possession alors comme aujourd'hui d'exprimer avec quelque autorité leurs sentiments et leurs volontés, si les fils de la bourgeoisie comme les fils du peuple eussent dû fournir à Napoléon la chair à canon dont il avait besoin pour ses boucheries militaires, il est certain que cette fureur belliqueuse eût rencontré une résistance sérieuse. On a vu combien promptement se fit la réaction, quant, après avoir épuisé le contingent populaire, l'empereur dut, contraint par la nécessité, étendre ses levées à la bourgeoisie.

Le despotisme fut la conséquence de cette infraction au principe d'égalité et de cet abandon des institutions soigneusement combinées par les révolutionnaires de 1789 et 1793. C'est le remplacement, il ne faut pas l'oublier, qui a été la cause première de tout le mal, et l'avertissement de Dubois-Crancé s'est réalisé à la lettre : « Si vous tolérez une fois les remplacements, tout est perdu... Le despotisme en profitera et vous redeviendrez esclaves. »

Le despotisme a subsisté depuis avec les causes qui lui ont donné naissance.

Il nous faut revenir à l'organisation militaire de 1789. Mais il faut surtout et avant tout abolir le remplacement.

Si l'organisation actuelle est bonne, il n'y a aucune objection sérieuse à soulever contre l'abolition du remplacement. Mais s'il est vrai que cette abolition ferait peser une gêne intolérable sur les fils de la bourgeoisie, il faut songer dès lors que la loi n'est pas moins oppressive pour les fils du peuple.

Si le fardeau de la conscription pesait également sur les riches comme sur les pauvres, les uns et les autres seraient intéressés à réformer cette institution. Et cette réforme serait considérable, car elle attaquerait dans sa source le fléau des guerres aventureuses et des expéditions lointaines.

Ce n'est pas la responsabilité ministérielle qui préviendra utilement le retour de ces fâcheuses entreprises. Mais si les membres du Corps législatif eussent ressenti directement dans leurs enfants les effets immédiats de l'expédition du Mexique, il est vraisemblable qu'ils eussent mis plus de vigilance et plus de fermeté à l'empêcher ou à exiger son prompt abandon ; il est vraisemblable aussi que le gouvernement y eût regardé à deux fois avant de s'exposer à soulever un tel mécontentement chez ceux qu'il a le plus d'intérêt à ménager.

Nous disons que l'organisation militaire actuelle ne subsisterait pas un seul jour si, le remplacement étant aboli, elle venait à peser, d'un poids semblable à celui dont elle opprime les pauvres, sur les riches qui ont la possession exclusive des instruments d'influence politique.

Le retour à l'ancien régime sur ce point a donc non-seulement rétabli une des assises fondamentales du despotisme, mais encore elle a rétabli dans notre société le germe de la distinction des classes, dont les unes sont privilégiées tandis que les autres supportent les fardeaux les plus lourds de la société.

Nous avons montré, d'autre part, quelle perturbation profonde cette organisation apportait dans tout notre système économique.

Il n'y a donc pas d'institution dont la réforme soit plus urgente.

L'expérience a fait ressortir l'excellence des bases de réorganisation militaire jetées par l'Assemblée constituante.

En même temps que l'Empire a confirmé tous les anciens griefs contre les armées permanentes, il a prouvé qu'elles offraient plus de dangers que de protection pour la sécurité des États, et que l'indépendance nationale, compromise par les armées permanentes, ne pouvait être protégée efficacement que par les milices nationales.

« On a vu, » disait le général Tarayre, résumant en 1818 dans le *Censeur européen* les nouveaux griefs fournis par l'Empire contre les armées permanentes, « on a vu que les armées permanentes n'étaient que de dangereux paratonnerres qui attiraient la foudre sans en paralyser les effets; qu'elles allaient presque toujours chercher le mal qu'elles étaient chargées de prévenir, et qu'au moment où elles l'ont rendu le plus redoutable, elles ne se trouvent plus ordinairement assez fortes pour le repousser. Enfin on a vu que si l'établissement des armées était un détestable moyen de prévenir les invasions étrangères, c'était un moyen excellent d'établir l'oppression intérieure; que les classes privilégiées ne manquaient jamais de s'en emparer pour établir leur domination, et que c'était presque toujours par leurs mains que périssait la liberté politique. »

On ne peut méconnaître, en effet, la grande leçon qui ressort du parallèle entre l'invasion victorieuse de 1814-1815 et l'invasion repoussée de 1792-1793. On est aussi frappé de cette circonstance remarquable que partout où Napoléon a opposé son armée permanente aux armées permanentes des autres peuples, il a été victorieux, ce qui prouve la supériorité de l'armée française; mais que, quand il a dû lutter contre les peuples soulevés et organisés en milice, après la destruction de leur armée, comme en Espagne et en Allemagne, il a toujours succombé : ce qui prouve que les plus mauvaises milices sont préférables pour la défense du territoire aux meilleures armées permanentes.

En Allemagne, et particulièrement en Prusse, l'organisation de la *landwehr* en 1813 ne fut que l'application du système préconisé par la Révolution française, et les résultats obtenus ainsi contre la France ne furent pas moins significatifs que ceux obtenus par la France elle-même en 1792 et 1793.

Il n'est pas douteux que cette organisation ne

contienne la solution du problème, et ne donne les seuls moyens d'avoir une armée qui garantisse efficacement la sécurité du territoire, qui ne puisse jamais être retournée contre les libertés du pays, et dont l'entretien ne soit pas du tout onéreux puisque ceux qui la composent ne sont mobilisés qu'en cas de guerre.

Il y a là une évidence à laquelle ont dû se rendre les hommes de guerre eux-mêmes, intéressés cependant au maintien de l'armée. Une opinion importante à mentionner en ce sens est celle du feld-maréchal autrichien Radetzky, exprimée d'une façon tout à fait remarquable dans un Mémoire écrit en 1828 et qui n'était pas destiné à la publicité :

« *L'emploi des armées permanentes ne convient qu'à certains temps et qu'à certaines circonstances.* Les armées permanentes ont complétement obscurci en Europe l'éclat des landwehrs. Tout ce qui eût pu nous aider à en apprécier la valeur semble perdu pour nous.

« Cependant la force d'un pays repose sur une organisation convenable de sa landhwehr. *Cette institution, qui est la plus naturelle, est aussi la meilleure.* Elle fournit à l'État en proportion de sa population le plus grand nombre de combattants; elle entretient dans le peuple l'énergique sentiment de sa propre force, et une ardeur guerrière qui ne dégénère pas facilement, puisque ceux qui la possèdent ne cessent jamais d'être citoyens.

« Lorsqu'un peuple est animé de pareils sentiments, il est invincible. Jamais il ne pliera sous le joug de l'étranger, encore moins pourra-t-il être détruit.

« Nulle part la justesse de ce raisonnement n'est plus évidente que dans l'histoire ancienne : Athènes, dans ses jours de gloire, du temps de Thémistocle et de Périclès, n'avait d'autre armée que ses citoyens; les soldats-citoyens de Rome ont conquis le monde et maintenu la domination romaine jusqu'au jour où la création d'armées permanentes a amené la décomposition de l'Empire.

« Les mêmes résultats se sont produits au moyen âge et dans les temps modernes. Les landwehrs, habilement dirigées, ont toujours fait plier les armées permanentes.

« Le meilleur exemple à l'appui de cette assertion se trouve dans l'histoire de la Suisse. Après avoir résisté longtemps à l'élite de la chevalerie, aux attaques des plus vaillants souverains, les Suisses se sont de nouveau signalés dans les plaines de Novare, de Marignan et de la Bicoque.

« Les guerres de la Révolution française et celles

d'Espagne, de 1808 à 1812, en sont également des exemples frappants.

« De tous ces exemples, il résulte un enseignement qui mérite d'être relevé avec soin. Prenez une guerre entre des soldats-citoyens et une armée permanente ; au début de la campagne, l'armée aura le dessus, mais la milice nationale finira par l'emporter, grâce à l'opiniâtreté de sa résistance... Combattant pour leur propre sûreté et avec la ferme volonté de vaincre, ils seront vainqueurs. Si nous consultons l'histoire, elle nous apprendra que jamais une nation sous les armes n'a été vaincue. »

Le général Radetzky a exprimé dans ces quelques lignes toute la philosophie de l'histoire militaire de la République et de l'Empire. Ajoutons que les désastres tels que ceux d'Iéna et de Waterloo ne sont possibles qu'avec les armées permanentes. Lorsque chaque citoyen, exercé d'avance au service militaire, est debout, sous les armes, prêt à faire de son corps un rempart à la patrie, une panique ou une défaite ne décident pas du sort d'un pays.

Napoléon lui-même l'avait reconnu :

« A la paix, disait l'empereur, j'aurais amené tous les souverains à n'avoir que leur simple garde ; j'aurais procédé à l'organisation de la garde nationale de manière que chaque citoyen connût son poste au besoin. Alors on aurait eu vraiment une nation maçonnée à chaux et à sable, capable de défier les siècles et les hommes. »

Nous empruntons cette citation au livre des *Idées napoléoniennes*, écrit, comme on sait, par Napoléon III, quand il n'était encore qu'un simple prétendant : elle a, par conséquent, une double valeur.

Le prince Louis-Napoléon envisageait alors les questions d'un point de vue désintéressé que ne peut plus avoir l'empereur Napoléon III. Dans les *Idées napoléoniennes*, dans les *Considérations politiques et militaires sur la Suisse*, et dans deux articles fort remarquables du *Progrès du Pas-de-Calais*, des 5 et 7 mai 1843, il se prononce formellement contre le système des armées permanentes, et lui oppose « une organisation qui, au jour du danger, donne des milliers d'hommes exercés, et qui, pendant la paix, ne soit pas une forte charge pour le budget et enlève peu de jeunes gens à l'agriculture. »

L'idéal de cette organisation lui paraît se trouver dans la landwehr prussienne, et il ne lui semble même pas que, à part les éventualités menaçantes, cette garde nationale ait besoin, comme en Prusse, d'avoir à sa tête un corps d'armée permanente.

Pour ce qui concerne la France spécialement, le

prince réclamait l'application immédiate du système prussien, qui emportait une réduction considérable de l'effectif militaire : « L'organisation prussienne, disait-il, est la seule qui convienne à notre nature démocratique, à nos mœurs égalitaires, à notre situation politique ; elle se base sur *la justice, l'égalité, l'économie*, et a pour but, non la conquête, mais l'indépendance ! »

Elle a pour but, non la conquête, mais l'indépendance ! Voilà le grand argument, l'argument décisif. Mais aussi voilà l'obstacle qui s'oppose à ce que les gouvernements, tous plus ou moins fondés sur la guerre et la force, qui ont besoin de faire diversion aux questions intérieures par les entreprises extérieures, adoptent jamais sincèrement cette organisation.

Mais il faudra bien qu'ils y arrivent. Les guerres deviennent de plus en plus impossibles en Europe.

On se détache chaque jour davantage des vieilles fictions de *patrie*, de *nationalité*, de *grandeur territoriale*, de *gloire militaire*. Les vieux préjugés qui entretenaient l'antagonisme entre les peuples se sont dissipés.

La solidarité des peuples s'affirme et se développe dans le domaine de l'industrie, des arts, de la pensée, des aspirations politiques et sociales; les frontières ont disparu, grâce aux développements des voies de communication et de l'esprit de sociabilité, grâce surtout au rapprochement des intérêts.

Ce n'est plus désormais par la conquête que les peuples développent leur puissance, mais par l'échange des idées et des produits. Et comme l'échange, au moyen des traités de commerce, se fait sur un pied d'égalité entre les nations, la conquête n'aurait plus de raison d'être. Toutes guerres en Europe seraient de véritables guerres civiles.

C'est bien cette révolution pacifique qui rend nécessaire la transformation des gouvernements, organisés surtout en vue des antagonismes extérieurs, en vue de la guerre et de la conquête.

« Si les peuples ne sont plus ennemis, demande M. de Girardin [1], pourquoi donc les armées permanentes?

« S'il n'y a plus d'hostilité entre les peuples, comment donc expliquer qu'ils dépensent tant d'argent pour entretenir des armées inutiles?

« Cela s'explique par l'intérêt des rois, qui n'auraient plus de raison d'exister et qui n'existeraient plus en effet s'il n'y avait plus d'armées.

1. *Questions de mon temps.* T. IX, p. 770.

« Que les rois tombent, et aussitôt tomberont les armées, comme l'eau cesse bientôt de couler quand la source tarit. »

Proudhon a exprimé la même idée avec une force non moins grande : « Les rois peuvent aiguiser leurs sabres et préparer leur dernière campagne. La Révolution du dix-neuvième siècle a pour tâche suprême, bien moins encore d'atteindre leur dynastie que de détruire jusqu'au germe de leur institution. Nés de la guerre, formés par la guerre, soutenus par la guerre intérieure et extérieure, quel pourrait être leur rôle dans une société de travail et de paix? »

Cela est si vrai, il est si vrai que les armées permanentes sont les derniers auxiliaires du despotisme ébranlé sur ses bases par la Révolution, que les gouvernements n'ayant plus l'occasion de les employer à la guerre extérieure ni à la défense des frontières qui ne sont menacées par aucun danger, les emploient à étouffer à l'intérieur les revendications du peuple.

« La situation du pays impose à l'armée à l'intérieur des devoirs impérieux, sacrés, qu'elle a déjà su et qu'elle saura remplir encore, » disait en 1849 le maréchal Bugeaud. « *Cette tâche n'est pas moins glorieuse que l'autre. Les grandes armées semblent avoir aujourd'hui cette mission en Europe.* »

Le coup d'État militaire du 2 décembre n'a pas tardé à venir justifier ces paroles du maréchal Bugeaud. Et les chassepots n'ont été inventés que pour faire merveille à Mentana, ou à la Ricamarie et à Aubin.

Oui, les grandes armées semblent avoir aujour d'hui cette mission en Europe, et c'est pour cela qu'elles doivent tomber sous la réprobation des peuples, car elles sont une menace permanente pour leur liberté et pour leur sécurité. Ceux qui ont ainsi dénaturé l'institution, en la retournant contre son objet qui devait être de défendre la liberté et la sécurité des peuples, ont attiré sur elles une irrévocable condamnation qui doit les envelopper eux-mêmes et avec eux les derniers suppôts du despotisme.

CHAPITRE IV

La centralisation et les libertés locales.

En France l'administration des intérêts les plus simples appartient à l'État. Le département est administré par le préfet, l'arrondissement par le sous-préfet, la commune par le maire; ces administrateurs forment une hiérarchie étroitement subordonnée, qui reçoit son mot d'ordre du pouvoir central. Les conseils municipaux nommés par la commune n'ont aucune initiative, ni aucun pouvoir propre; ils sont placés sous la dépendance du maire, qui les convoque lui-même à des intervalles fort distants, et quand ils ne sont pas des instruments dociles entre les mains du pouvoir central, ils peuvent être dissous et supprimés; ils sont remplacés alors par une commission administrative nommée par le préfet.

Ainsi le pays est placé sous une véritable tutelle administrative. « Nous sommes, » disait Royer-Collard, « un peuple d'administrés, sous la main de fonctionnaires irresponsables, centralisés eux-mêmes dans la main d'un pouvoir dont ils sont les ministres. »

Outre les inconvénients que peut avoir une semblable organisation pour la bonne administration des intérêts locaux, remis ainsi à des mains étrangères, elle enlève aux citoyens toute liberté et toute initiative, et crée au-dessus d'eux une aristocratie de fonctionnaires, aristocratie d'autant plus funeste qu'elle est composée elle-même d'individus sans initiative et sans responsabilité. Un semblable régime est la négation la plus complète des principes les plus essentiels de la liberté.

La centralisation est un des instruments les plus puissants du despotisme moderne, et en même temps un des dissolvants les plus actifs des mœurs publiques. Elle nous façonne à la servitude et à l'arbitraire, et elle étouffe dans son germe tout développement de l'initiative individuelle.

La commune devrait être l'école de la vie publique; la participation active à son administration habituerait les citoyens à la responsabilité et au mécanisme de l'action politique; elle stimulerait les initiatives, multiplierait les foyers d'intelligence, établirait une salutaire émulation entre les diverses localités, répandrait et entretiendrait la vie sur tous les points du pays.

Rien n'a plus favorisé le développement intellectuel en Italie et en Allemagne que cette émulation des diverses villes, qui toutes avaient leur tradition, leur mouvement littéraire, artistique, industriel et commercial; dans l'ancienne France elle-même, les provinces, en dépit de tout avaient leur vie propre. Aujourd'hui, suivant un mot bien juste de Lamennais : « la centralisation mène à l'apoplexie dans Paris et à l'absence de vie partout ailleurs. »

Cette situation, il ne faut pas se le dissimuler, c'est le despotisme politique le plus absolu; les libertés locales sont les bases de la liberté politique, et sans les libertés locales la liberté individuelle elle-même est isolée et paralysée.

C'est une erreur communément répandue que la centralisation est un legs révolutionnaire, et ce qui a paru justifier cette origine, c'est qu'il y a toute une école révolutionnaire qui la revendique et qui s'en fait gloire. Mais la Révolution, dont le but était de réaliser la liberté sous toutes ses formes, ne pouvait vouloir et n'a pas voulu le despotisme administratif.

« Le système de centralisation, » dit très-bien M. Lanfrey, « est aussi antipathique aux instincts de la révolution que contradictoire à sa logique. Elle ne le repousse pas seulement comme funeste, mais comme injuste ; car une centralisation extrême ne s'achète que par le sacrifice d'un droit. Elle ne l'a subie qu'à contre-cœur et sous le coup des plus terribles nécessités, lorsque les complications les plus alarmantes, se coalisant dans son propre sein avec les dangers qui la menaçaient sur la frontière, la forcèrent de recourir à ce suprême effort de contraction sur elle-même, et même alors elle protesta par la voix de la Gironde contre ce système désespéré, qui ne la sauva qu'en tuant ce qu'elle avait de meilleur en elle. Elle ne l'accepta que l'épée de l'étranger et le poignard des conspirateurs sur la gorge, comme un expédient, comme un état transitoire, *jamais comme un principe.* Plus tard la centralisation n'a été conservée que contre elle, souvent par ses ennemis, plus souvent encore par ses amis, qui ont vu en elle un instrument de gouvernement d'une incomparable facilité, et l'ont adopté sans s'aviser combien les peuples le payent cher. »

Ceci est très-bien dit, mais il n'est pas même

exact, comme pourrait le laisser supposer M. Lanfrey, que la Convention ait inventé et adopté l'instrument de la centralisation sous la pression des besoins du moment, et que ce soit cet instrument qui, trouvé dans le bagage révolutionnaire, ait ensuite été retourné contre la révolution.

La centralisation était une institution de l'ancien régime, qui a été reprise avec toutes les autres par l'empire, mais en réalité il n'y a rien de commun entre ce système de tutelle administrative et le système de dictature révolutionnaire pratiqué par la Convention, sous la pression des dangers qui la menaçaient. C'est précisément cette confusion qui embrouille et obscurcit la question, et il importe pour en faciliter la solution de la ramener à ses véritables termes.

La monarchie française s'éleva en opposant les communes à la féodalité, en ruinant la féodalité par l'affranchissement des communes, mais ce fut pour absorber à son tour l'indépendance des communes, et elle jeta les premières bases de la centralisation, telle qu'elle existe encore aujourd'hui.

L'œuvre fut couronnée par Richelieu et par Louis XIV.

« Sous Louis XIV, dit d'Argenson (*Gouvernement de la France*), notre gouvernement s'est tout à fait arrangé sur un nouveau système, qui est la volonté absolue des ministres. L'on a abrogé tout ce qui partageait cette autorité. »

L'administration locale et communale fut ramenée au centre dans tous ses détails, et des intendants furent chargés de représenter le pouvoir central dans les provinces. Les villes ne pouvaient lever un octroi, ni établir une contribution, ni hypothéquer, ni vendre, ni plaider, ni affermer leurs biens, ni les administrer, ni faire emploi de l'excédant de leurs recettes sans qu'il intervînt un arrêt du conseil du roi, sur le rapport de l'intendant. Tous les travaux étaient exécutés sur les plans et d'après les devis que le conseil devait avoir préalablement approuvé par des arrêts. C'était devant l'intendant ou devant ses délégués qu'on les adjugeait, et c'était d'ordinaire l'ingénieur ou l'architecte de l'État qui les conduisait.

D'Argenson nous dit « qu'il était impossible de s'imaginer la situation de la France : il fallait une décision, un arrêt pris à Paris pour réparer un trou fait dans un mur, une brèche faite à une route à deux cents lieues de Paris. »

Et Montesquieu écrit dans l'*Esprit des lois* (L. XXIII, chap. XXII) : « Autrefois chaque village de France était une capitale, il n'y en a aujourd'hui qu'une grande. Chaque partie de l'État était un centre de puissance; aujourd'hui tout se rapporte à un centre, et ce centre est, pour ainsi dire, l'État même. »

Voilà bien l'image fidèle de notre centralisation, et ce n'est pas la révolution qui nous la fournit.

Ce despotisme administratif fut au contraire un des griefs principaux portés aux États Généraux de 1789.

D'Argenson avait résumé avec force ces griefs dans son livre sur le *Gouvernement de la France* que nous venons de citer : « Le plus grand défaut du gouvernement monarchique et absolu, disait-il, c'est de vouloir se mêler de tout, de vouloir tout gouverner par ses agents.... Les officiers royaux ne se trouvent-ils pas aujourd'hui chargés seuls de la police générale et particulière, de l'entretien de tous les ouvrages publics, de l'exécution des lois, de stipuler à eux seuls les intérêts du public, qu'ils ne peuvent ni ne veulent connaître, et de pourvoir à toutes choses où les représentants du peuple et les plus simples particuliers eussent bien mieux travaillé pour le commun que tous ces agents royaux qui ne participent à la royauté que par ses défauts.... C'est, par exemple, un monstre indéfinissable qu'un maire, officier du roi. Il doit être l'homme du peuple ou il n'est rien. »

Mirabeau, dans son *Essai sur le despotisme*, signale le fonctionnarisme avec les armées permanentes parmi les instruments les plus actifs du despotisme. « Les ministres, pour mieux régner, dit-il, ont donné les grandes places à des mercenaires inconnus qu'ils sont bien sûrs d'inspirer à leur gré, et qui ont mieux aimé s'assurer une existence pécuniaire et vendre leurs droits que de les soutenir. Le gouvernement déjà absorbé par une infinité de détails, surchargea encore tous les détails de l'administration de *règles*, de *règlements*, d'*ordonnances*, d'*instructions*, pour ne rien laisser à personne.... Quand le premier pas est fait en ce genre, les détails vont toujours croissant ; chacun de ces détails demande un homme, parce que chaque homme demande une place; les papiers se multiplient, il faut des aides aux détailleurs, et cela se subdivise à l'infini. »

Le fonctionnarisme est encore aujourd'hui le grand fléau de nos mœurs publiques. Il fausse tous les rouages d'une bonne administration en même temps que les principes les plus essentiels de la liberté.

L'assemblée constituante inaugura ses travaux par la suppression des *intendants* et des *subdélégués*, c'est-à-dire des préfets et des sous-préfets de l'époque, et par la destruction du système de centralisation qui avait dominé la France depuis Richelieu.

Il est vrai que voulant faire une France nouvelle, et craignant de rencontrer dans les provinces des souvenirs, des habitudes, des préjugés et surtout des établissements aristocratiques hostiles aux changements radicaux qu'elle méditait, elle supprima les provinces et créa les départements. Elle établit ainsi le cadre de la centralisation moderne. Mais bien loin d'avoir contribué elle-même à reconstituer l'ancien système dans ce cadre nouveau, ce ne fut pas sa faute si le dernier germe n'en fut pas extirpé.

L'institution de municipalités indépendantes fut considérée par les constituants de 1789 comme l'une des bases principales de l'œuvre de régénération révolutionnaire qu'ils poursuivaient.

« Les municipalités sont d'autant plus importantes, disait Mirabeau (juillet 1789), qu'elles sont la base du bonheur public, le plus utile élément d'une bonne constitution, le salut de tous les jours, la sécurité de tous les foyers, en un mot, le seul moyen possible d'intéresser le peuple entier au gouvernement et de préserver les droits des individus. »

Ici Mounier interrompt Mirabeau et lui demande s'il entend autoriser toutes les villes à se municipaliser à leur manière ? Il ajoute qu'il croyait que cet objet ressortait de l'Assemblée nationale et qu'il serait trop dangereux de créer des États dans l'État, et de multiplier les souverainetés.

Mirabeau lui répond : « Ma pensée est précisément que l'Assemblée nationale ne doit pas organiser les municipalités. Nous sommes chargés d'empêcher qu'aucune classe de citoyens, qu'aucun individu n'attente à la liberté. Toute municipalité peut avoir besoin de notre sanction, ne fût-ce que pour lui servir de garant et de sauvegarde. Toute municipalité doit être subordonnée au grand principe de la représentation nationale, mélange des trois ordres, liberté d'élection, amovibilité des offices : voilà ce que nous pouvons exiger ; mais quant aux détails, ils dépendent des localités, et nous ne devons point prétendre à les ordonner. Voyez les Américains ; ils ont partagé leurs terrains inhabités entre plusieurs États, qu'ils offrent à la population, et ils laissent à tous ces États le choix du gouvernement qu'il leur plaira d'adopter, pourvu qu'ils soient républicains et qu'ils fassent partie de la Confédération. »

Ce sont là les véritables principes de 1789, les véritables principes de la Révolution sur ce sujet.

Le 29 mars 1790, Robespierre s'oppose à l'envoi de commissaires du roi dans les provinces, et veut qu'on laisse les municipalités s'organiser librement : « De cette organisation dépend, on peut le dire, le triomphe des principes proclamés par l'Assemblée nationale, et la solidité de son ouvrage. »

Le 10 mai 1793, dans un discours sur la constitution, il affirmait encore avec netteté les mêmes principes. « Fuyez la manie ancienne des gouvernements de vouloir trop gouverner, disait-il ; laissez aux individus, laissez aux familles le droit de faire ce qui ne nuit point à autrui ; laissez aux communes le pouvoir de régler elles-mêmes leurs propres affaires, en tout ce qui ne tient pas essentiellement à l'administration générale de la république ; en un mot, rendez à la liberté individuelle tout ce qui n'appartient pas naturellement à l'autorité publique, et vous aurez laissé d'autant moins de prise à l'ambition et à l'arbitraire. »

L'Assemblée constituante prit ces principes pour fondements de son organisation municipale.

Elle fit nommer les conseils municipaux et les maires par les communes ; les districts, qui sont devenus nos arrondissements et qui remplaçaient les anciens bailliages, étaient administrés par un conseil élu et par un directoire nommé par ce conseil ; les départements avaient pareillement à leur tête un conseil et un directoire ne relevant que de l'élection.

Les directoires départementaux étaient directement en rapport avec le gouvernement. Ils avaient les pouvoirs les plus étendus ; ils veillaient au recouvrement des impôts, statuaient sur les dégrèvements et les réclamations, prenaient toutes les mesures pour maintenir l'ordre public, pour la formation et la réunion des gardes nationales, le recrutement de l'armée, etc., etc. Ils avaient en un mot toutes les attributions de l'intendant d'autrefois et du préfet actuel.

Les membres de ces directoires, nommés pour quatre ans, étaient les hommes du pays, ayant tous leurs intérêts dans le pays, vivant au milieu de leurs concitoyens, ne devant pas les quitter après l'achèvement de leurs fonctions, ne dépendant du pouvoir central que dans la limite où l'ordre général rendait cette dépendance nécessaire.

Le caractère des fonctionnaires administratifs est nettement établi par la Constitution de 1791 : « Ils sont des agents élus à temps par le peuple pour exercer, sous la surveillance et l'autorité du roi, les fonctions administratives. »

Ce sont les agents du peuple, tandis qu'aujourd'hui nos fonctionnaires sont les agents du gouvernement. Le roi, sous le contrôle duquel ils sont placés dans la Constitution de 1791, peut provisoirement annuler leurs actes et les suspendre ;

mais toujours le conflit doit être déféré au Corps législatif, auquel il appartient de statuer définitivement.

C'est ainsi que l'organisation administrative de la Constituante réalisait vraiment l'administration du pays par le pays, en même temps que son organisation judiciaire réalisait ce grand résultat que la justice fût rendue au pays par le pays.

Les municipalités étaient instituées comme les véritables gardiennes de l'esprit public, et toujours elles avaient mission d'intervenir pour éviter à la fois tout désordre et tout arbitraire.

Les prisons sont placées sous leur surveillance; l'officier municipal doit les visiter, recueillir les réclamations des prisonniers, s'enquérir des causes de leur détention et faire cesser toute détention arbitraire.

La police locale leur est complétement confiée. C'est aux officiers municipaux seulement qu'appartient la réquisition de la force publique dans l'intérieur du pays. Et ce n'est pas une vaine formalité. Cette intervention des municipalités est, dans l'esprit des principes de 1789, l'une des garanties les plus essentielles de la liberté publique.

On sait que Mirabeau fut un des principaux auteurs de la célèbre loi martiale de 1790, et c'est un des plus graves reproches que lui adressent ses détracteurs. Mais il eut soin de faire observer en la proposant, qu'il ne confiait le pouvoir de faire appel à la force militaire *qu'à des magistrats élus par le peuple*, et que l'application de cette loi serait *parfaitement inique* dans les lieux où les municipalités ne sont pas électives.

La Convention ne créa pas davantage la centralisation administrative. Elle se saisit il est vrai de la dictature au milieu d'une crise effroyable à l'intérieur et d'une guerre gigantesque à l'extérieur; elle investit exceptionnellement de tous les pouvoirs les représentants du peuple envoyés en mission. Mais elle ne changea point l'organisation de l'administration; les maires et les conseils municipaux, les conseils et les directoires des districts et des départements furent toujours nommés par les citoyens, leurs attributions restèrent les mêmes.

Ce fut la constitution de l'an VIII, après le coup d'État du 18 brumaire, qui abolit les administrateurs électifs, rétablit les intendants et les subdélégués sous le nom de préfets et de sous-préfets, nommés par le pouvoir central et ne dépendant que de lui, fit revivre en un mot la centralisation de l'ancien régime contre laquelle la révolution avait été faite.

Cette centralisation restaurée fut plus absolue,

qu'elle ne l'avait jamais été, car toutes les institutions du passé étant détruites, il n'y avait plus que des individus isolés, sans force, en face d'un pouvoir central immense.

La révolution ayant supprimé la vénalité de toutes les charges et substitué au régime des compagnies fermières pour la levée des impôts celui des régies de l'État les percevant directement, le gouvernement eut dans sa main non-seulement les administrateurs, mais les juges et une foule d'autres fonctionnaires qui, avant la révolution, ne dépendaient que très-peu des ministres.

« De la société en poussière, dit Royer-Collard, est sortie la centralisation. » Mais c'est injustement que l'on retournerait cette accusation contre la révolution ; car, en renversant les anciennes institutions, les révolutionnaires de 1789 avaient jeté les bases d'institutions nouvelles, plus conformes aux principes de liberté, d'égalité et de justice et qui ne devaient pas être moins fortes.

Il faut faire retomber toute la responsabilité de ce qui est arrivé sur ceux qui ont détruit ces institutions pour rétablir à leur profit le pouvoir absolu.

Mais, il faut le dire aussi, dans cette ruine des libertés publiques, une grave part de responsabilité incombe aux coryphées des partis libéraux et du parti révolutionnaire lui-même, qui ont complétement méconnu les principes de la révolution, et qui ont dénaturé le sens de toutes les revendications légitimes du peuple en leur donnant une fausse direction.

Il n'y a pas de question sur laquelle ont ait plus écrit depuis un demi-siècle que la question de la centralisation, il n'y en a pas de plus importante pour l'établissement de la liberté daus notre pays; — eh bien ! il n'y en a pas qui ait été plus obscurcie par les préjugés, les erreurs, les confusions d'idées accumulées et entretenues comme à plaisir.

D'une part nous nous trouvons en face d'une école révolutionnaire, étroite et dogmatique, qui, convaincue que la centralisation est l'œuvre de la révolution et s'obstinant aveuglément dans les mêmes malentendus qui perdirent autrefois la République [1], défend la centralisation comme un des principes vitaux de la démocratie.

1. On ne saurait trop minutieusement établir que ceux qui soutiennent que la centralisation et la révolution sont indissolublement unies méconnaissent complétement l'esprit de la révolution. La querelle des Jacobins et des Girondins sur laquelle s'appuient ces sectaires, et qui eut évidemment pour origine de funestes malentendus qu'il est fâcheux à tous les points de vue de prolonger systématiquement, la querelle des Jacobins et des Girondins n'eut pas du tout la signification que pourrait laisser supposer

D'autre part l'école libérale s'est complétement fourvoyée dans cette question en faisant cause commune avec les doctrinaires qui ne demandent la décentralisation que pour reconstituer les aristocraties locales[1], et qui, ne séparant jamais leur

aux esprits superficiels l'accusation de fédéralisme sous laquelle furent écrasés les Girondins. Les Jacobins, égarés par la passion, reprochaient aux Girondins, de vouloir démembrer la France au profit de la contre-révolution ; mais c'était une accusation de fait, non de principe. Et, au plus fort de la lutte engagée entre les deux partis, Marat qui était le principal adversaire politique des Girondins, n'hésitait pas à émettre les principes suivants, sans craindre que ses adversaires s'en fissent une arme pour leur justification, parce que la question de principes était étrangère à l'accusation de fédéralisme dirigée contre les Girondins; cette accusation ne visait que les menées et les intentions coupables qui leur étaient prêtées. « Il est faux, » disait Marat en mars 1793, « que la souveraineté du peuple soit indivisible. Chaque commune est souveraine sur son territoire dans les temps de crise, et le peuple peut prendre les mesures qui lui conviennent pour son salut. » C'est la théorie même du fédéralisme moderne que professe Marat, et ses paroles sont la condamnation la plus formelle de tout système centralisateur. Proudhon n'avait donc pas tort de placer son livre sur *le Principe Fédératif* sous la recommandation de ce sous-titre : *De la nécessité de reconstituer le parti de la Révolution.*

1. Ce but n'est pas dissimulé. Il se trouve indiqué dans le titre même d'un des plus célèbres manifestes décentralisateurs : *Des Communes et de l'Aristocratie*, par M. de Barante, publié en 1829 et réédité en 1866, à l'occasion du Projet de Nancy, qui s'inspirait des mêmes principes et auquel adhérèrent, avec une inconcevable légèreté, sans faire aucune des réserves indispensables, les principaux chefs du parti démocratique, MM. Jules Favre, Vacherot, Jules Simon, etc.

amour prétendu pour la liberté d'une haine non dissimulée contre la révolution, sont à bon droit suspects au peuple.

Quand nos libéraux parlent de décentralisation, ils bornent leurs vues pratiques à demander un peu plus d'indépendance et des attributions un peu plus étendues pour les conseils départementaux. Ils ne vont même pas jusqu'à demander l'élection des maires par le suffrage universel. Et ils laissent subsister d'ailleurs tout le système administratif actuel, avec son cortége de fonctionnaires parasites et irresponsables. Il ne viendrait jamais à l'esprit d'aucun d'eux de demander la suppression des préfets et sous-préfets.

Les plus avancés d'entre eux poursuivent, non la transformation, mais la démocratisation du fonctionnarisme, comme ils veulent démocratiser l'Église et l'armée, tout en laissant debout ces institutions telles quelles; ce qui est bien l'aberration la plus grande dans laquelle puissent tomber des hommes politiques.

Nous les avons vus à l'œuvre en 1848 où ils essayèrent de fonder une école d'administration. M. Carnot, qui eut cette idée lumineuse, parle encore avec orgueil, toutes les fois que l'occasion s'en présente, de la grande école d'administration, « sœur de l'école polytechnique, » dont il rêvait de doter la France. L'idée n'a pas été abandonnée. Tout récemment encore, MM. Carnot, Garnier-Pagès, Jules Simon, etc., ont demandé au Corps législatif la création d'une école d'administration qui serait la pépinière des fonctionnaires de l'avenir.

Il s'agit, dit-on, de substituer au choix arbitraire du gouvernement, des hommes intelligents et instruits qui offrent des garanties de capacité.

Ce n'est donc pas alors le système qui vous déplaît, ce sont les hommes. Et non-seulement vous perpétuez l'institution, mais encore vous avez une singulière façon de la perfectionner.

Il semblerait qu'il n'y ait qu'un remède pour tempérer les inconvénients de la centralisation telle qu'elle est organisée : développer la responsabilité de ses agents.

Dans l'état actuel, à défaut d'une responsabilité légale et directe, il y a du moins une responsabilité morale qui remonte au pouvoir central lui-même, ce qui est justice.

Or la mesure que l'on propose aurait pour effet d'accroître l'irresponsabilité des agents administratifs, en leur enlevant tout caractère politique et en faisant de leurs fonctions un véritable métier; elle aurait pour résultat de soustraire tout le système à l'influence que peut encore dans une certaine mesure exercer sur lui l'opinion publique.

Du moment que les fonctions publiques sont un métier et sont obtenues au concours, il ne peut plus être question de convenances ou de convictions personnelles de la part de ceux qui les occupent; c'est une carrière comme une autre, qui ne dispense pas plus qu'une autre d'honnêteté privée, mais dans laquelle tous les scrupules politiques seraient hors de saison. Les fonctionnaires sont des instruments dociles et passifs dans la main des gouvernements qui se succèdent; non-seulement ils doivent se rallier à tous les gouvernements, mais les gouvernements eux-mêmes ne pourraient pas se priver de leurs services sans porter atteinte à des droits acquis.

Les fonctionnaires, au lieu de participer à la responsabilité du pouvoir central dont ils relèvent, formeraient, comme la magistrature actuelle, un grand corps irresponsable, et, comme elle, conservateur de tous les gouvernements sans distinction: ils seraient les ennemis les plus redoutables de toutes les libertés politiques.

Il faut revenir simplement et bien vite à l'organisation de 1789.

Que les communes et les départements s'administrent eux-mêmes; qu'ils se mettent directement en rapport avec le pouvoir central; et que les représentations locales concourent à la sincérité de la représentation nationale, en même temps qu'au développement de l'initiative et de l'activité dans toutes les parties du pays.

« Une chambre centrale siégeant à Paris, » dit très-bien Augustin Thierry, « n'est point la représentation de la France : elle en est à la vérité une partie essentielle, elle est la tête de la représentation, elle n'est point la représentation tout entière. Pour être représentée, la France doit l'être à tous les degrés, dans tous ses intérêts, sous tous ses aspects; pour être représentée la France devrait être couverte d'assemblées représentatives; on devrait y trouver la représentation des communes, la représentation des villes, la représentation des petites parties, celle des grandes parties du territoire; et au-dessus de tout cela, pour couronnement de l'édifice, la seule représentation qui existe aujourd'hui, celle du pays tout entier, celle des grands et souverains intérêts de la patrie, plus généraux, mais non pas plus sacrés que les intérêts des provinces, des départements, des cités et des communes. »

Le gouvernement central doit émaner des communes et non pas les communes lui être subordonnées : c'est là le principe essentiel de toute liberté.

Le fonctionnarisme, nous ne saurions trop le répéter, en créant une classe de parasites, est le plus grand fléau de la liberté. Les fonctions publiques ne doivent pas être décernées par le bon plaisir du pouvoir central ; les fonctionnaires ne doivent pas être imposés aux administrés, pour exercer sur eux une autorité arbitraire et irresponsable.

Ce sont les administrés qui doivent investir des fonctions publiques les hommes de leur choix ; ces fonctions sont un mandat, et ceux qui les remplissent, étant nos mandataires, doivent être révocables et responsables.

Ce sont là des principes généraux qui s'appliquent à tous les hommes investis de fonctions publiques quelconques.

C'est parce qu'ils ont toujours été outrageusement méconnus en France que nous en sommes arrivés à perdre jusqu'à la notion de la liberté.

CHAPITRE V

L'impôt.

Lavicomterie a écrit en 1793 une brochure sous ce titre, la *République sans impôts*. Nous avons eu nous-même une forte tentation d'intituler simplement ce chapitre : *l'Abolition de l'impôt*. Cette idée n'est pas aussi utopique qu'elle peut en avoir l'air au premier abord. Nous croyons que nous n'aurions pas beaucoup de peine à démontrer qu'*impôt* et *despotisme* ont toujours été des corollaires, que l'impôt tel qu'il a été de tout temps organisé n'a jamais servi et ne peut servir encore qu'à entretenir le despotisme, et que par conséquent il doit disparaître avec le despotisme.

Mais nous voulons rester fidèles à notre programme, persister à nous tenir sur un terrain rigoureusement pratique, ne faire table rase de rien et procéder vis-à-vis de toutes les institutions par voie d'élimination et de transformation.

Il n'est pas de sujet plus obscur, plus compliqué, plus bourré d'abus et d'iniquités et où il soit plus difficile de faire la lumière et d'introduire la justice, que celui de l'impôt.

Nous lisons dans un *Catéchisme du genre humain* publié en 1789 :

« — Qu'entendez-vous par impôt?

« Ce terme s'il était connu dans le véritable ordre moral, ne pourrait exprimer que l'obligation naturelle et sociale de contribuer au bonheur de ses semblables, chacun au prorata de ses dispositions, force ou pouvoir naturels perfectionnés par l'éducation sociale qui en aurait fait contracter la pratique, l'amour et l'habitude.

« — Ce terme a-t-il une autre signification dans l'état actuel des choses humaines?

« — Oui, puisqu'il n'a été inventé que pour exprimer l'obligation qu'on appelle politique de contribuer aux frais du maintien et de l'exécution de l'ordre mercenaire, homicide et anti-social, suivant lequel les individus, les familles et les peuples, notamment les plus éclairés, n'ont cessé jusqu'à présent de se diviser, de se dégrader, de se chicaner, de se tromper, de s'assassiner, de se faire la guerre et de se détruire les uns les autres. »

Dans une note qui suit l'auteur ajoute : « C'est encore, si l'on veut une explication plus technique et plus analogue à l'origine, à la cause et aux effets de l'impôt, c'est, dis-je, le moyen par lequel les plus fins et les plus rusés qui se sont originairement emparés de l'autorité, ont assujetti, les personnes et les propriétés des plus crédules, des plus faibles et des plus laborieux, à fournir ou à payer les chaînes pour se faire lier, les verges pour se faire fouetter et les armes pour se faire détruire. »

L'impôt en effet a toujours servi à l'entretien du despotisme, de ses instruments, de ses suppôts et de tous les abus politiques les plus vexatoires pour les peuples, et par une combinaison machiavélique des gouvernements, ceux-mêmes qui crient le plus fort contre l'oppression et contre les abus doivent contribuer comme les autres à les subventionner.

Il faut procéder avec une analyse très-serrée pour bien se rendre compte de la constitution de l'impôt et des moyens à employer pour lui faire subir des transformations nécessaires.

Une des définitions les plus exactes de l'impôt est celle que donne J. B. Say dans son *Traité d'Économie politique* : « Quel que soit le nom qu'on donne à l'impôt, qu'on l'appelle contribution, taxe, droit, subside, ou bien don gratuit, c'est une charge *imposée* à des particuliers ou à des réunions de particuliers par le souverain, peuple, ou prince pour fournir aux consommations qu'il juge à propos de faire à leurs dépens. »

Cette définition de l'impôt, qui n'est pas du tout faite ironiquement comme on pourrait le croire, nous suggère par ses propres termes la critique qu'appelle l'institution.

Proudhon, qui reproche à la définition de Say son caractère absolutiste, fait cette fort judicieuse observation : « Le droit public moderne n'admet plus que l'État *impose* sur tout *ce qu'il juge à propos*. C'est à la nation de *consentir ce qu'elle juge à propos* de donner à l'État. »

Cela est fort juste, il est reconnu depuis longtemps que les impôts consentis et votés par les représentants de la nation sont les seuls légitimes.

Mais il ne faut pas se dissimuler que le vote des impôts n'a guère été jusqu'ici qu'une formalité illusoire, qui n'a pas du tout changé leur caractère réel d'imposition arbitraire faite par le despotisme au gré de son bon plaisir.

Un ancien historien, Étienne Pasquier, réduit à à sa juste mesure le rôle des États Généraux en matière d'impôts : « Les revenus du domaine de la couronne ne suffisant plus aux rois, il fallut y suppléer par des impôts. Toute la charge tombait sur le roturier. On l'appela avec les prélats et les seigneurs pour lui faire avaler avec plus de douceur la purgation et en tirer de l'argent. Honoré et chatouillé dans son honneur, il se rendait plus hardi prometteur. Engagé par son concours dans l'assemblée, il n'avait plus de motifs pour murmurer. Quelques bonnes ordonnances de réformation rendues sur la demande des États n'étaient que belle tapisserie servant seulement de parade. »

Ne dirait-on pas l'histoire, écrite deux cent cinquante ans à l'avance, de toutes nos assemblées représentatives? N'est-ce pas toujours la même comédie?

Le vote des impôts est rendu tout à fait illusoire par leur habile complication et enchevêtrement, par la combinaison des impôts directs et indirects qui défient tout contrôle sérieux à ce point que le refus de l'impôt tenté par quelques citoyens est absolument impraticable et ne peut conduire qu'à des inconséquences qui enlèvent tout efficacité à ce procédé de résistance légale.

En effet l'impôt est un Protée qui revêt toutes les formes; il porte sur tout, il se multiplie à l'infini; indépendamment de l'impôt direct, foncier, mobilier et personnel, il y a les impôts sur les boissons et sur tous les objets de consommation. On ne peut se nourrir, se vêtir, ni se livrer à aucune activité sociale quelconque sans payer indirectement l'impôt. On paye l'impôt sans le vouloir et sans le savoir, et il n'est aucun moyen de s'y soustraire.

L'impôt réunit toute les vexations les plus intolérables, toutes les iniquités les plus odieuses et les plus absurdes, depuis l'impôt barbare des portes et fenêtres prélevé sur la pureté de l'air et la clarté du jour, véritable attentat à la vie et à la santé du peuple, jusqu'à l'impôt sur les successions, spoliation de la famille, d'autant plus odieux que dans la majorité des cas la famille privée de son chef, voit sa puissance diminuer et tombe dans l'inertie et l'indigence.

Mais ce serait perdre son temps que prendre même la peine d'énumérer ces monstruosités et ces abominations. Tout a été dit à ce sujet, et rien n'y a fait. Les bénéficiaires de l'impôt se moquent de tout ce que l'on peut dire, puisque ces récriminations ne les empêchent pas de le prélever.

Bien plus, loin de s'en émouvoir ou d'en concevoir de la confusion, ils s'en prévalent et s'en font gloire et mérite. Écoutons M. de Parieu, de l'Académie des sciences morales et politiques, ministre président du conseil d'État, un des principaux apologistes de l'impôt : « Comme la misère et l'ignorance sont fortement enracinées dans le monde, les artifices qui dérobent à la plupart des citoyens le chiffre exact des taxes qu'ils acquittent ne cesseront pas de longtemps d'être licites et de renfermer pour ainsi dire une anesthésie bienfaisante, d'autant plus que les procédés qui cachent à certains contribuables les taxes qu'ils acquittent, facilitent tout au moins à d'autres qui sont plus éclairés le payement de leur part afférente dans le même fardeau. »

La théorie de l'impôt est la théorie même du despotisme, et ses apologistes ne s'en cachent pas: «Étudiez les fondements de la société politique,» dit encore M. de Parieu. « Si vous faites abstraction des passions qui s'y agitent, votre imagination reconstruira peut-être un édifice grand et harmonieux sur les bases de l'égalité et de la liberté sans limite. Mais à mesure que vous apprécierez ensuite l'étendue des passions diverses que manifeste le caractère national de chaque peuple, vous reconnaîtrez la nécessité d'un ensemble de mesures *restrictives*, *répressives* ou *préventives*, qui ôteront à l'application du principe de liberté une part correspondante à ce qui manque dans la moralité du peuple. »

Les impôts rentrent dans ce système de mesures

restrictives, *répressives* et *préventives*, et l'exagération des charges a été considérée de tout temps comme l'instrument de police le plus énergique.

« Je connais les mœurs des vilains, » disait le connétable de Bourbon aux États tenus sous Charles VII. « Si on ne les comprime pas en les surchargeant, bientôt ils deviennent insolents, si donc vous ôtez entièrement l'impôt des tailles, il est sûr que de suite ils se montreront les uns à l'égard des autres comme envers leurs seigneurs, gens rebelles et insupportables. Aussi ne doivent-ils pas connaître la liberté ; il ne leur faut que la dépendance. Pour moi je juge que cette contribution est la plus forte chaîne qui puisse servir à les contenir. »

L'impôt a ainsi le double avantage de donner sécurité au despotisme et à ses nombreux agents en contenant le peuple et d'accroître démesurément leurs jouissances. Aussi le grand principe en matière fiscale est-il de : *Faire rendre à l'impôt tout ce qu'il peut rendre*. Le fisc prend tout ce dont il peut s'emparer.

Il y a à cet égard un préjugé tellement enraciné, la tendance du fisc à l'absorption de la richesse nationale est tellement passé dans nos mœurs politiques, que même nos réformateurs les mieux intentionnés ne songent pas du tout à diminuer l'impôt, ils songent seulement à en faire un meilleur usage, à en disposer dans l'intérêt du peuple et pour son plus grand avantage, à l'en faire profiter en un mot.

Nous trouvons cette théorie exposée avec une singulière naïveté dans un livre célèbre, l'*Extinction du paupérisme*:

« Le prélèvement de l'impôt peut se comparer à l'action du soleil, qui absorbe les vapeurs de la terre, pour les répartir ensuite, à l'état de pluie, sur tous les lieux qui ont besoin d'eau pour être fécondés et pour produire. Lorsque cette restitution s'opère régulièrement, la fertilité s'ensuit, mais lorsque le ciel, dans sa colère, déverse partiellement en orages, en trombes et en tempêtes, les vapeurs absorbées, les germes de production sont détruits et il en résulte la stérilité, car il donne aux uns beaucoup trop et aux autres pas assez....

« Si les sommes prélevées chaque année sur la généralité des habitants sont employées à des usages improductifs, comme à créer des places inutiles, à élever des monuments stériles, à entretenir, au milieu d'une paix profonde, une armée plus dispendieuse que celle qui vainquit à Austerlitz, l'impôt dans ce cas devient un fardeau écrasant, il épuise le pays, il prend sans rendre. Mais si, au contraire, les ressources sont employées à créer de nouveaux éléments de production, à rétablir l'équilibre des richesse, à détruire la misère en activant et en organisant le travail, à guérir enfin les maux que notre civilisation, entraîne avec elle, alors certainement l'impôt devient pour les citoyens, comme l'a dit un jour un ministre à la tribune, le meilleur des placements. »

On aurait beau jeu si l'on voulait appliquer cette théorie aux finances du second empire et faire ressortir la condamnation du système impérial des propres aveux de l'inspirateur du régime.

Mais ce que nous voulons surtout faire ressortir, c'est que la théorie de l'impôt se présente toujours comme la théorie du despotisme, qu'il soit bienfaisant ou malfaisant.

L'impôt, dites-vous, peut devenir *le meilleur des placements*. Oui, mais c'est un placement forcé, et cela suffit pour le gâter. Vous nous prenez notre argent pour nous le restituer. Laissez-nous le donc, nous saurons bien en disposer nous-mêmes ; d'autant plus que vous l'avouez, la restitution peut s'opérer irrégulièrement et alors engendrer les plus désastreux fléaux.

Ce qu'il y a de plus clair dans tous ces systèmes, c'est que vous nous prenez l'argent dans nos poches pour vous enrichir à nos dépens, vous gorger vous et les vôtres de nos dépouilles. « Tout impôt forcé, » disait avec raison Lavicomterie, » n'a jamais servi qu'à souder les fers du malheureux dont on l'exige, n'a jamais été employé qu'à payer les dépenses énormes de satrapes avilis, de courtisanes effrontées et d'oppresseurs barbares. » Aussi devons-nous nous opposer de toutes nos forces à ces prélèvements arbitraires.

Il faut ramener l'impôt au caractère que lui assigne la justice et le bon sens, et qui est indiqué avec beaucoup de netteté par Montesquieu :

« Les revenus de l'État sont une portion que chaque citoyen donne de son bien pour avoir la sûreté de l'autre, pour en jouir agréablement.

« Pour bien fixer ces revenus, il faut avoir égard aux nécessités de l'État et aux nécessités des citoyens. Il ne faut point prendre au peuple sur ses besoins réels pour les besoins imaginaires de l'État....

« Ce n'est point à ce que le peuple *peut* donner qu'il faut mesurer les revenus publics, mais à ce qu'il *doit* donner.... »

L'impôt a été défini par l'Assemblée constituante de 1789 : « Une dette commune des citoyens, une espèce de dédommagement, et *le prix des avantages que la société leur procure.* »

Définition précisée par cette formule de Proudhon : « L'impôt est la quote-part à payer par chaque citoyen pour la dépense des services publics. »

Pour savoir quelle doit être la fixation équitable de l'impôt, il faut donc déterminer quels sont les services publics, et quelle rétribution doit leur être afférente.

Mais pour pouvoir procéder utilement à la révision de l'impôt, il ne faut pas le voter en bloc comme on le fait actuellement Il faut aussi supprimer les complications des impôts de diverse nature et de diverse provenance qui entretiennent la confusion et empêchent tout contrôle réel ; il faut simplifier l'impôt, et si plusieurs sortes d'impôts subsistent, il faut donner à chacun une affectation spéciale.

Il y a là toute une révolution indispensable et urgente à opérer dans le mode d'établissement des budgets.

La préoccupation commune à tous ceux qui ont voulu réformer la matière, d'établir un impôt unique progressif, ou bien portant sur le capital, sur le revenu ou sur la rente foncière, ne fait que contribuer à entretenir dans la perception de l'impôt une confusion qu'il n'importe pas moins de faire disparaître que celle qui règne sur son application.

La spécialisation de l'impôt nous paraît le meilleur moyen de le soumettre au contrôle direct des contribuables qui sont les plus intéressés à son équitable répartition.

Il faut que chaque citoyen contribue aux services publics dans la proportion de sa fortune et de sa position sociale, mais qu'au lieu de payer en bloc, sa contribution pour chaque service soit établie d'une manière distincte.

De cette façon, les abus qui pourront subsister seront rendus sensibles pour tous, et il deviendra facile d'en obtenir la réforme.

Il est certain que si chaque citoyen se rendait un compte exact de ce qu'il paye pour certains services et pour entretenir le luxe de certains personnages, beaucoup de réformes que l'on ne peut espérer de voir réaliser dans l'état actuel, devraient être faites du jour au lendemain.

Le chapitre des dotations, en France, comprenant la liste civile de l'empereur et de sa famille, est de plus de 43 millions, deux fois et demie autant que le budget de la Confédération helvétique.

Quand on compare ce que coûtent dans notre pays les fonctions parasites avec les allocations faites à l'instruction publique et aux travaux publics, on arrive à des résultats navrants.

Il n'y a, croyons-nous, qu'un seul procédé efficace pour trancher ces abus dans leur racine : c'est la spécialisation des divers services du budget, avec le solde direct par chaque citoyen de sa quote-part dans la carte à payer, carte dans laquelle chacun des articles devrait être soigneusement détaillé.

De cette façon, l'impôt qui jusqu'ici a entretenu les abus servirait activement à leur extirpation, et il deviendrait l'instrument le plus actif des réformes après avoir été le plus passif soutien du despotisme.

En tout cas, le contrôle des services publics et du budget de l'État serait mis à la portée de tous, tandis qu'aujourd'hui cet important sujet reste lettre close pour la plupart des membres du Corps législatif eux-mêmes.

Or, la lumière est, sur tous sujets, la condition essentielle de la publicité. Ceux qui tâchent d'entretenir l'obscurité sur des matières telles que l'impôt et le budget savent bien ce qu'ils font. Mais c'est pourquoi nous ne devons avoir ni repos ni trêve que nous n'ayons déjoué leurs calculs.

LIVRE III

LES RÉFORMES SOCIALES

CHAPITRE PREMIER

L'inégalité sociale.

La liberté, suivant la définition que nous en avons donnée, implique nécessairement l'égalité, c'est-à-dire le droit égal de tous les citoyens au plein développement de leurs facultés qui est la condition essentielle de la liberté.

« Les hommes, tous libres, ont tous les mêmes devoirs mutuels; ils ont les mêmes droits réciproques; ils sont tous égaux. Sainte comme la liberté qui la fonde, l'égalité donne naissance à l'idée de justice; la justice n'est autre chose que le respect mutuel des libertés; respect égal, parce qu'elles sont toutes égales [1]. »

1. AUGUSTIN THIERRY, *Dix ans d'études historiques*. Sur le

Le principe de l'égalité a changé les bases de la justice comme il est appelé à changer les bases de la société. Tous les hommes sont égaux devant la loi, et spécialement devant la loi pénale. Les peines ne sont plus pesées, comme elles l'étaient au moyen âge, d'après la qualité de l'offenseur et de l'offensé. La mort d'un manant ne peut plus être rachetée moyennant quelques sous parisis. Le maître n'a plus droit de vie et de mort sur son esclave, ni le père sur ses enfants, comme dans l'antiquité. La vie du plus misérable des mendiants vaut celle de l'homme le plus haut placé dans la société; telle est la base fondamentale de la justice moderne.

Ce principe essentiel de l'égalité est généralement reconnu et admis.

Mais entre l'égalité envisagée comme un fait et l'égalité considérée comme un principe, il y a, pour employer une expression de Montesquieu, autant de distance qu'entre le ciel et la terre.

L'égalité n'est, dans notre société, qu'une belle et stérile fiction de la loi.

L'inégalité des conditions sociales est un obstacle absolu à sa réalisation.

L'égalité n'existe pas dans une société où il y a

cours d'histoire de la philosophie morale professé par M. Victor Cousin, 1819.

une classe qui a le privilége de l'intelligence, de la richesse et du pouvoir, tandis que l'autre est condamnée à l'ignorance, à la misère et à la subordination. L'égalité n'existe pas dans une société où une classe bénéficie du travail de l'autre.

Vainement voudrait-on prétendre qu'il n'y a pas de classes dans la société française et que tous les ouvriers peuvent devenir patrons. Oui, comme tous les soldats ont dans leur giberne le bâton de maréchal de France. Mais, outre que c'est là une exception qui confirme la règle, tant que la société sera une hiérarchie comme l'armée, elle sera fondée sur une nécessaire inégalité et sur une nécessaire dépendance.

Il s'agit précisément d'abolir cette distinction qui existe entre les patrons et les ouvriers, pour qu'il n'y ait plus dans la société que des travailleurs, ayant des fonctions diverses, mais une condition égale.

Tant que subsiste l'inégalité des conditions sociales, l'égalité civile et l'égalité politique n'existent pas plus que la liberté : ce sont de pures chimères, d'odieuses hypocrisies.

Y a-t-il égalité réelle, dans notre société, entre le riche et le pauvre, entre la classe bourgeoise et la classe ouvrière?

Certes, s'il est un principe qui paraisse universellement admis, reconnu et consacré par nos lois, c'est celui de l'égalité pénale. Mais, si l'on veut examiner un peu attentivement la réalité des choses, on ne tarde pas à s'apercevoir que cette prétendue égalité est purement illusoire.

Tout d'abord, un homme ignorant, dont les facultés morales ne sont pas développées, poussé au crime par la misère et le besoin, est-il coupable au même degré qu'un homme dont les facultés ont été développées par l'éducation, qui est dans l'aisance, à l'abri du besoin? Si vous punissez de la même peine le vol commis par un riche et le vol commis par un pauvre, est-ce de la justice? Mais si vous punissez sévèrement le vol commis par le pauvre, et légèrement le vol commis par le riche, que faut-il penser de votre justice?

La question est délicate autant que grave, et, pour la dégager de tous ses éléments irritants, nous croyons ne pouvoir mieux faire que de nous en référer à quelques pages remarquables de l'*Encyclopédie nouvelle*, de Pierre Leroux et Jean Reynaud, à l'article *Égalité*. Ces pages ont été écrites il y a bientôt quarante ans; si elles ont encore une actualité saisissante, c'est que les abus qu'elles signalent sont inhérents à notre organisation sociale. Voilà pourquoi il importe de la modifier et de la transformer, de façon que l'égalité, qui est reconnue comme devant être la loi de nos rapports sociaux, ne soit plus une pure fiction, mais devienne une réalité :

« Il y a une société où il est impossible d'être criminel, sans tomber sous l'empire du Code pénal et sans tomber sous la main du gendarme : ce sont les classes pauvres. Il y a une société où l'on peut commettre presque tous les crimes, sans être passible du Code pénal, ou du moins sans avoir à le redouter : ce sont les classes riches. La justice est un Polyphème aveugle, un informe et grossier cyclope. Les riches, protégés par leur politesse et leur air d'innocence, se mettent à l'abri de ses atteintes, comme Ulysse et ses compagnons s'échappèrent de la caverne en se cachant sous la blanche toison des brebis.

« Un homme du peuple veut se procurer plus que le salaire qu'il pourrait honnêtement gagner; il n'a d'autre moyen que la violence, il se fait voleur; on le saisit, on l'emprisonne, on le juge, on le condamne aux galères. Un voleur riche, un voleur des hautes classes est bien autrement favorisé du sort; il exerce son industrie tout à l'aise; il vole 100 000 francs plus aisément que l'autre ne vole un sou. Considérez en effet les occupations lucratives des hautes classes, et dites-moi quelle est celle où ne règne pas la fraude, où elle ne soit pas commune, ordinaire, de règle pour ainsi dire et presque jamais punie....

« Mais la licence du crime se borne-t-elle dans les hautes classes à la fraude adroitement déguisée? Non, la possibilité de commettre toute espèce de délits est partout en proportion de la fortune; toutes les passions peuvent impunément se satisfaire derrière le rempart de l'or. Lovelace est à couvert par son or, comme autrefois il pouvait l'être par son rang et sa noblesse. Tartufe riche peut impunément ourdir ses trames, sans qu'à la fin de la pièce l'exempt arrive pour l'arrêter.

« De temps en temps seulement, quelques-uns des crimes qui se commettent dans les hautes classes, j'entends des crimes prévus positivement pas le Code, viennent à se découvrir, et force est de les poursuivre. Mais alors même, il ne manque pas de voix pour s'écrier qu'il faut empêcher le scandale de ces révélations, que de tels exemples ôtent au peuple la foi qu'il doit avoir dans la moralité de ceux qui gouvernent, et que si les gens comme il faut sont ainsi démasqués, la société est compromise. Honnête société, si elle ne vit que par le mensonge!

« L'égalité des lois criminelles, telle qu'on la

conçoit aujourd'hui, ne sert qu'à couvrir et à cacher une déplorable inégalité[1]. »

Au lieu d'aviser aux moyens d'éteindre l'ignorance et la misère, la société s'est constituée en état de guerre vis-à-vis des ignorants et des misérables, en vue desquels principalement ont été édictées les lois pénales.

A quelque point de vue que l'on se place, l'égalité légale n'est qu'une amère dérision tant que subsiste l'inégalité sociale.

C'est ainsi que tous les citoyens sont égaux devant la conscription; mais moyennant une somme, qui n'est pour lui qu'une bagatelle, le riche pourra se soustraire à l'impôt du sang, tandis qu'il sera impossible au pauvre de réunir cette même somme sans s'imposer les plus pénibles sacrifices, et le plus souvent il devra payer de sa personne, laissant dans la misère sa famille dont il était l'unique soutien.

L'ouvrier est sous la dépendance du patron, le pauvre sous la dépendance du riche, et nous voyons se produire tous les abus les plus odieux que la Révolution semblait avoir à jamais écartés de nous.

1. *Encyclopédie nouvelle*, par Pierre Leroux et Jean Reynaud.

L'égalité réelle n'existe dans aucune des relations sociales, pas même dans celles qui ont pour base le plus délicat et le plus personnel des sentiments, l'amour. L'égalité proclamée en droit n'est, ici comme ailleurs, qu'un mensonge et un piége.

C'est là encore une des plaies vives de notre société, et pour que l'on ne nous accuse pas de sortir en la sondant de la sérénité scientifique qui est seule capable de donner à notre démonstration toute la portée qu'elle doit avoir, nous allons de nouveau céder la parole aux éminents auteurs de l'*Encyclopédie nouvelle* :

« C'est encore le peuple qui a tout perdu pour le moment à cette proclamation d'un droit sans réalisation. Car en abaissant les barrières qui séparaient la maison du pauvre de celle du riche, on a donné entrée chez lui à la corruption. Les riches ne prennent pas ordinairement leurs femmes dans les classes pauvres, mais ils y prennent souvent leurs maîtresses : *doublement lâches*, ils spéculent sur la richesse des unes et sur la misère des autres.

« Le droit même, le droit reconnu de l'égalité dans l'amour devient le moyen de cette corruption. Cette jeune fille pauvre et de naissance obscure savait autrefois qu'elle ne pouvait épouser ce noble et ce riche; aujourd'hui, pourquoi ne croirait-elle pas à ses serments?

« Trompée par cette égalité, la jeunesse se laisse emporter à toute la fougue de ses passions. Les filles du peuple aspirent à sortir de leur condition par le mariage et bien souvent n'atteignent que la honte; la richesse et le luxe deviennent le but pour lequel elles perdent de vue l'amour et le mariage. Quant aux jeunes gens riches, ils n'ont plus de frein qui les retienne, car l'égalité a rapproché d'eux toutes les femmes et les leur livre comme une proie. L'égalité les invite à descendre de leur condition, comme elle invite les femmes à s'élever au-dessus de la leur; ils se rencontrent donc, mais ce n'est pas dans l'amour qu'ils se rencontrent. Vous vous plaignez du libertinage, vous demandez ce qui l'engendre : c'est l'égalité actuelle, c'est-à-dire une égalité fausse et mensongère.

« Un des résultats de cette égalité convenue, mais nullement réalisée, c'est un horrible impôt prélevé au profit du libertinage sur les classes pauvres. Les Athéniens, tributaires de la Crète, envoyaient chaque année un certain nombre de jeunes filles à l'affreux Minotaure; chez nous, les classes pauvres payent le même tribut. D'où sortent, je vous le demande, ces malheureuses femmes qui reproduisent parmi nous, après dix-huit siècles de christianisme, ce que l'esclavage antique et la licence du paganisme eurent de plus affreux et de plus impur? Elles sortent des rangs du peuple; c'est un tribut que le peuple paye à lui seul[1]. »

Tous les vices de la société actuelle proviennent de cette contradiction qui existe entre le principe de l'égalité, proclamé comme le fondement de la société, et l'inégalité réelle qui existe dans toutes les relations sociales. Il faut donc, pour corriger ces vices, travailler à détruire ces inégalités et à établir l'égalité dans tous les rapports sociaux.

Tant que subsistera l'inégalité sociale, l'égalité politique comme l'égalité civile n'est qu'un leurre. Quelle égalité peut-il y avoir entre l'électeur ignorant qui n'a pas même le sentiment de l'importance de son vote, ni de l'influence qu'il peut avoir sur son propre sort, et l'électeur instruit qui agit en connaissance de cause?

Pareillement la liberté n'existe pas. Elle n'est qu'un privilége pour ceux qui appartiennent aux classes éclairées et riches. Mais elle n'existe pas pour le peuple.

Quelle liberté peut exister pour l'homme qui est

1. *Encyclopédie nouvelle*, par Pierre Leroux et Jean Reynaud.

serf de son ignorance et de sa misère? Qu'importe la liberté de la presse à ceux qui ne savent pas lire? à ceux qui n'ont pas le temps de lire, ni même de penser, écrasés qu'ils sont par un travail absorbant et abrutissant, dont le salaire suffit à peine pour satisfaire les besoins les plus indispensables de la vie?

Qu'importe même la liberté individuelle à ceux qui sont condamnés à l'esclavage perpétuel d'un travail pénible et stérile?

« Je demande, dit Mably, quel grand présent c'est que la liberté dans un pays où le gouvernement n'a pas pourvu à la subsistance de chaque citoyen, et permet à un luxe scandaleux de sacrifier des millions d'hommes à de frivoles besoins? Ne sentez-vous pas que, esclaves de la pauvreté, vous n'êtes libres que de nom, et que vous regarderez comme une faveur du ciel qu'un maître veuille bien vous recueillir? La nécessité, plus puissante que des lois inutiles qui vous déclarent libres, vous rendra esclaves. »

« Admettons, dit Marat, que tous les hommes connaissent et chérissent la liberté; le plus grand nombre est forcé d'y renoncer pour avoir du pain; avant de songer à être libre, il faut songer à vivre. »

C'est ainsi que le suffrage universel est devenu

un instrument entre les mains du despotisme. C'est ainsi qu'il est devenu le plus grand obstacle à la liberté? Pourquoi? Parce que l'égalité sociale n'existe pas; parce que la masse du peuple, abrutie par l'ignorance et par la misère n'est pas capable de s'élever à la notion de l'exercice de ses droits politiques; parce que les travailleurs; fussent-ils même capables de comprendre la liberté, sont placés sous la dépendance étroite de leurs patrons, et ils ne pourraient tenter de se soustraire à cette dépendance, sans compromettre leur pain quotidien, et le pain de leurs femmes et de leurs enfants.

C'est ici qu'éclate l'erreur profonde de ceux qui ont voulu séparer la question politique de la question sociale, la liberté de l'égalité.

La vérité est que l'égalité est la condition indispensable de la liberté.

La réalisation du suffrage universel a été une satisfaction donnée à ceux qui croient que la solution de la question politique doit précéder la discussion de la question sociale.

La politique a dit son dernier mot et elle a réalisé sa dernière conquête par la proclamation du suffrage universel[1]; et si le suffrage universel qui

1. « La question politique, » écrivait Lamennais, sous le gouver-

est la consécration définitive de la souveraineté populaire, n'a pas eu pour conséquence immédiate la liberté, cela prouve tout simplement l'impuissance de la politique à résoudre les graves problèmes qu'elle a soulevés.

Les obstacles qui s'opposent encore à la réalisation de la liberté ne sont pas politiques, ils sont sociaux.

C'est dans ses causes véritables, l'ignorance et la misère, qu'il faut attaquer et vaincre le despotisme moderne, acculé dans ses derniers retranchements.

La proclamation du suffrage universel a été la condamnation éclatante de cette doctrine de la perpétuité de l'ignorance et de la misère qui a longtemps prévalu comme un dogme social.

La perpétuation de l'ignorance et de la misère

nement de Juillet (*De l'esclavage moderne*) « se résout dans celle de la réforme électorale, d'une réforme large, complète, qui ne repose ni sur le principe ignoble et corrupteur du cens, ni sur des catégories arbitraires, ni sur de niaises présomptions de capacité, mais sur le droit inhérent à l'homme et au citoyen ; quand nul ne sera dépouillé de sa liberté essentielle, de la part qui lui appartient dans la souveraineté nationale, alors seulement l'esclavage moderne sera réellement aboli. » — « Si après la réforme électorale le peuple est toujours malheureux, » disait d'autre part M. Ledru-Rollin, « il n'aura plus le droit de se plaindre. » Lamennais et M. Ledru-Rollin ne tenaient pas compte du problème social, et c'est pour cela que la réforme électorale a trahi leurs espérances.

dans une société fondée sur le suffrage universel, ce n'est pas seulement la plus grande des iniquités, c'est encore le plus grand des dangers.

« N'est-ce pas en effet le comble de l'imprudence, » dit Proudhon, « que d'accorder l'égalité des droits politiques à des hommes de conditions inégales? »

Il est évident que si l'ignorance et la misère sont des maux nécessaires, il est dangereux, il est insensé de remettre le pouvoir aux mains des ignorants et des misérables, qui forment la majorité de la nation.

Le suffrage universel a inauguré une politique nouvelle. La politique doit se transformer et devenir socialiste.

L'école libérale ne l'entend point ainsi.

Il faut voir en quels termes M. Jules Simon, dans son livre de *la Liberté*, anathématise les socialistes qui ont l'audace de soutenir cette idée subversive que la misère doit être extirpée du monde:

« Il y aura toujours de la misère, » dit M. Jules Simon. « C'est une mauvaise rhétorique que vous faites en exagérant toutes ces plaies *que personne ne saurait guérir*, vos déclamations sont à la portée du premier venu. Avez-vous un remède? Il n'y a que cette question. Si vous en avez un, montrez-le! si vous n'en avez pas, taisez-vous. Croyez-vous apprendre aux pauvres qu'ils souffrent et aux riches qu'il y a des pauvres? Ou vous parlez pour ne rien dire, ou votre but est d'exciter les passions. Et quelles passions, grand Dieu! *Vous ne rêvez que d'ajouter au mal de la pauvreté le mal de la haine!* Vous qui ne vous servez pas de la misère comme d'un instrument, et qui n'en parlez que pour la consoler et la guérir, *ne la racontez jamais qu'au riche.* Mais alors, avant d'ouvrir la bouche, regardez dans les couloirs, assurez-vous qu'il n'y a autour de vous que des puissants et des heureux; prenez garde qu'un indigent ne se soit égaré dans cet auditoire, et qu'en voulant prêcher la charité[1], *vous n'enseigniez malgré vous la guerre.* »

M. Jules Favre n'a jamais omis l'occasion de s'élever à la tribune contre les doctrines socialistes, et il a même un jour interpellé le gouvernement en lui reprochant de laisser discuter et exposer publiquement ces théories subversives de tout ordre. En 1848, c'est lui qui dans la loi sur la presse a fait introduire la disposition interdisant et punissant l'attaque contre le principe de la pro-

1. Rappelons en passant à M. Jules Simon que les socialistes ne prêchent pas la charité, forme humiliante de l'assistance publique; ils réclament la justice qui, comme nous l'avons vu, a son origine dans le principe de l'égalité; et pour que la justice règne sur la terre, il faut avant tout réaliser l'égalité sociale.

priété, ce qui équivaut à interdire toute discussion de l'organisation actuelle de la propriété.

M. Renan est le théoricien de ce système qui prétend justifier l'inégalité sociale au nom des considérations politiques les plus élevées. « On supprime l'humanité, » dit M. Renan[1], « si l'on n'admet pas que des classes entières doivent vivre de la gloire et de la jouissance des autres. Le démocrate traite de dupe le paysan d'ancien régime qui travaille pour ses nobles, les aime et *jouit de la haute existence que d'autres mènent avec ses sueurs.* » Tel est cependant, d'après M. Renan, la loi *mystérieuse* de l'humanité.

Notre intelligence émancipée n'admet plus les mystères sociaux, pas plus que les mystères religieux. Nous voulons nous rendre compte des choses.

Or nous repoussons l'inégalité sociale parce qu'elle est contraire à la nature et à la justice.

M. Renan avoue lui-même qu'elle ne peut être entretenue que par la duperie et par le mensonge. « C'est à la religion, » dit-il, « qu'il appartient d'expliquer ces mystères et d'offrir dans le monde idéal de surabondantes consolations à tous les sacrifiés d'ici-bas. »

1. *La Monarchie constitutionnelle en France.*

Or M. Renan ne croit pas pour son compte à la vie future, ni à la divinité de Jésus-Christ. Mais il professe que la religion est un frein nécessaire pour le peuple, une consolation pour les sacrifiés d'ici-bas, et il s'est vivement défendu d'avoir voulu, comme on l'en avait accusé, attaquer, dans sa *Vie de Jésus*, les utiles croyances et les salutaires superstitions de la religion.

Il faut savoir gré à M. Renan de sa franchise; mais ses aveux, dépourvus d'artifice, doivent suffire pour faire condamner sa doctrine et celle de son école par tous ceux qui ont à un degré quelconque le sentiment démocratique de la justice.

La liberté antique était fondée sur l'esclavage; mais la liberté moderne doit être fondée sur l'égalité.

La société ne peut plus prendre cette devise atroce : *le bonheur du petit nombre fondé sur la misère du peuple.* Le but de la société est le bonheur commun, et le but de la Révolution est précisément de ramener au but de la société dont on s'est écarté, de rétablir entre les hommes l'équilibre et l'harmonie que l'ambition de quelques-uns a troublés.

Or nous avons montré que l'égalité est le principe qui doit prévaloir, c'est son triompne seul qui peut faire disparaître les abus de uotre organisation sociale.

Cette vérité essentielle a été proclamée et reconnue par tous les esprits désintéressés, préoccupés avant tout de la vérité et de la justice.

Vauvenargues a fait justice en une phrase incisive des théories insolentes et puériles de la nature de celle de M. Renan : « Tandis qu'une grande partie de la nation languit dans la pauvreté, l'opprobre et le travail, l'autre qui abonde en honneurs, en commodités, en plaisirs, ne se lasse pas d'admirer le pouvoir de la politique qui fait fleurir les arts et le commerce, et rend les états redoutables. »

« L'état social, dit Sieyés [1], n'établit pas une injuste inégalité de droits à côté de l'égalité naturelle des besoins ; au contraire, il protége l'égalité des droits contre l'influence naturelle, mais nuisible, de l'inégalité des moyens. La loi sociale n'est point faite pour affaiblir le faible et fortifier le fort ; au contraire, elle s'occupe de mettre le faible à l'abri des entreprises du fort, et, couvrant de son autorité tutélaire l'intégralité des citoyens, elle garantit à tous la plénitude de leurs droits. »

Ainsi l'objet de la société est de corriger les inconvénients des inégalités naturelles ; en créant des

1. *Journal d'instruction sociale.* Des intérêts de la liberté dans l'état social.

inégalités artificielles, qui sont une violation flagrante de l'égalité naturelle, la loi sociale a été contre son objet le plus sacré.

« L'égalité des droits est établie par la nature, » dit très-bien Robespierre dans sa *Déclaration des droits de l'homme et du citoyen.* « La société, loin d'y porter atteinte, ne fait que la garantir contre l'abus de la force qui la rend illusoire. »

« Pour que l'état social soit perfectionné, » dit J. J. Rousseau, « il faut que chacun ait assez et qu'aucun n'ait trop. »

Et d'Alembert : « Il est aussi atroce qu'absurde de voir les uns regorger de superflu et les autres manquer du nécessaire. »

Voici le problème social bien posé.

Et Diderot indique, avec son esprit lucide, quelle étroite solidarité relie le problème social au problème politique : « Discourez, tant qu'il vous plaira, sur la meilleure forme de gouvernement, vous n'aurez rien fait tant que vous n'aurez point détruit les germes de la cupidité et de l'ambition. » Ces germes de la cupidité et de l'ambition seront détruits quand il y aura impossibilité pour tout citoyen de devenir ou plus riche ou plus puissant en autorité que ses concitoyens.

La société actuelle repose sur l'antagonisme parce qu'elle repose sur l'inégalité et sur l'injustice. Le règne de la justice établira l'harmonie sociale, et alors tous les efforts de chacun concourront au bonheur commun.

« La misère, » disait Victor Hugo à l'Assemblée législative, le 9 juillet 1849, « la misère est une maladie du corps social, comme la lèpre était une maladie du corps humain ; la misère peut disparaître comme la lèpre a disparu. »

Et Chateaubriand, dans les dernières années de sa vie, avait le pressentiment de la métamorphose profonde que la société est appelée à subir, pour se régénérer sur les bases de l'égalité :

« La société telle qu'elle est aujourd'hui, écrivait-il, n'existera pas. A mesure que l'instruction descend dans les classes inférieures, celles-ci découvrent la plaie secrète qui ronge l'ordre social depuis le commencement du monde, plaie qui est la cause de tous les malaises et de toutes les agitations populaires. La trop grande inégalité des conditions et des fortunes a pu se supporter tant qu'elle a été cachée d'un côté par l'ignorance, de l'autre par l'organisation factice de la cité; mais aussitôt que cette inégalité est généralement aperçue, le coup mortel est porté.

« Recomposez, si vous le pouvez, les fictions aristocratiques; essayez de persuader au pauvre, quand il saura lire, au pauvre à qui la parole est portée chaque jour par la presse, de ville en ville, de village en village, essayez de persuader à ce pauvre, possédant les mêmes lumières et la même intelligence que vous, qu'il doit se soumettre à toutes les privations, tandis que tel homme, son voisin, a, *sans travail*, mille fois le superflu de la vie; vos efforts seront inutiles; ne demandez point à la foule des vertus au delà de la nature.

« Le développement matériel de la société accroîtra le développement des esprits; lorsque la vapeur sera perfectionnée, lorsque, unie au télégraphe et aux chemins de fer, elle aura fait disparaître les distances, ce ne seront pas seulement les marchandises qui voyageront d'un bout du globe à l'autre avec la rapidité de l'éclair, mais encore les idées. Quand les barrières fiscales et commerciales auront été abolies entre les divers États, comme elles le sont entre les provinces d'un même État; lorsque le *salaire*, qui n'est que l'*esclavage* prolongé, se sera émancipé à l'aide de l'égalité établie entre le producteur et le consommateur; quand les divers pays, prenant les mœurs les uns des autres, abandonneront les préjugés nationaux, les vieilles idées de supériorité et de conquête, tendront à l'unité des peuples, *par quel moyen ferez-vous rétrograder la société vers des principes épuisés?...*

« Un avenir sera, un avenir puissant, libre dans la plénitude de l'égalité évangélique.... »

C'est là le problème qui s'impose à tous les esprits qui ne sont pas aveuglés par les préjugés; vainement voudrait-on l'étouffer dans son germe. Il faut l'envisager en face, en étudier la solution. Sinon il n'y a ni ordre, ni liberté, ni sécurité. On pourra prolonger la crise, mais on n'empêchera pas la catastrophe inévitable. « L'ordre des conservateurs ne reposant que sur des illusions rétrogrades n'est jamais qu'un acheminement à des commotions dangereuses [1]. »

L'ordre actuel ne peut être maintenu, car il est fondé sur le mensonge et l'injustice.

Le véritable objet de l'économie politique devrait être de réformer l'organisation sociale par la science, et ce but a été assigné avec beaucoup de netteté par un de nos économistes les plus distingués, M. Blanqui : « L'économie politique doit à l'humanité des comptes; *il faut qu'elle fasse disparaître les inégalités sociales* et les dernières traces du prolétariat.... Il faut qu'elle ait les yeux toujours fixés sur cette grande loi de la répartition la plus équitable des profits du travail; tant qu'il y aura des milliers d'hommes qui seront privés des pre-

1. Littré, *Conservation, Révolution et Positivisme.*

mières nécessités de la vie au milieu d'une société riche de tant de capitaux et de tant de machines, il restera quelque chose à faire et la science de l'économiste ne sera pas finie. »

Les économistes, surtout ceux de l'école française, se sont effrayés de cette tâche, et au lieu de la poursuivre comme c'était leur devoir, ils se sont attachés, au contraire, à faire la théorie des préjugés existants, et à légitimer le maintien de l'ordre social actuel avec son antagonisme et ses injustices. C'est bien pour cela que la science économique est frappée chez nous d'impuissance et de déconsidération, et qu'il a fallu créer, à côté d'elle, la science sociale qui se préoccupe sérieusement et sincèrement de rechercher les lois qui doivent présider à une organisation satisfaisante et équitable de la société.

Cette distinction entre la science économique et la science sociale n'existe point dans les pays plus avancés que nous et où le respect de la science est supérieur à tous les préjugés, en Angleterre et aux États-Unis, par exemple, et tous les bons esprits s'accordent à reconnaître la nécessité, la légitimité et l'urgence de réformes sociales radicales.

« Ce qui fait tache dans votre pays, » écrivait en 1831 l'Américain Channing à l'Anglaise miss Jeanna Baillie, « c'est la position de vos classes inférieures, misérables et affamées. Le mal peut être guéri par une reprise du travail et du commerce, mais je crains que ce ne soit pas un *accident* de votre système, mais bien un effet nécessaire de l'*état artificiel* de votre société, et qu'il ne reparaisse bientôt. S'il en est ainsi, il faut de grands changements dans la société pour écarter ce fléau. Communiquer aux dernières classes l'intelligence et les avantages des classes supérieures, ce devrait être la fin et le résultat assuré des institutions sociales, et elles sont défectueuses quand telle n'est pas leur action. »

Le célèbre économiste anglais, John Stuart Mill, dénonce courageusement « la grande maladie » des sociétés européennes : « Je ne reconnais ni comme juste ni comme bon un état de société dans lequel il existe une classe qui ne travaille pas, dans lequel il y a des êtres humains qui, sans être incapables de travail, et sans avoir acheté le repos par un travail antérieur, sont exempts de participer aux travaux qui incombent à l'espèce humaine. »

Et il prévoit la transformation prochaine qui ne peut manquer de s'opérer dans les rapports sociaux :

« Malgré l'influence que peuvent avoir une instruction meilleure et plus forte des classes laborieuses, et des lois justes pour modifier à l'avantage des travailleurs la distribution des produits, je ne puis croire qu'ils se contentent toujours de l'état de salariés, et qu'ils l'acceptent comme condition définitive. Ils peuvent consentir à passer par la condition de salariés, mais non à rester toute leur vie salariés.

« Dans l'état actuel de l'humanité, lorsque les idées d'égalité s'étendent chaque jour dans les classes laborieuses et *ne peuvent être arrêtées que par la suppression absolue de toute liberté de discussion écrite et même verbale*, on ne peut plus espérer de maintenir la division de l'humanité en deux classes héréditaires de patrons et de salariés....

« A moins que le despotisme militaire, qui triomphe en ce moment sur le continent ne réussisse dans ses desseins criminels contre les progrès de l'esprit humain, il est certain que l'état de salarié ne sera bientôt plus que celui des ouvriers que leur abaissement moral rendra indignes de l'indépendance [1]. »

Ainsi M. Stuart Mill, comme Chateaubriand, reconnaît que le salariat est un véritable servage qui est appelé à disparaître par les progrès de l'esprit humain, et il constate que le triomphe de l'égalité est étroitement lié au triomphe de la liberté.

1. *Principes d'économie politique*. Liv. IV, chap. VII.

Nous avons beaucoup insisté sur ce point, et nous avons multiplié les opinions de penseurs et de savants qui ne peuvent paraître suspects, puisque aucun de ceux que nous avons cités n'appartient à l'école socialiste, parce que c'est le point essentiel de la doctrine qui nous paraît devoir rallier tous les esprits droits et désintéressés, tous ceux qui sont sincèrement dévoués à la cause de la liberté, et qui croient que la liberté ne peut reposer que sur la justice.

La science politique embrasse les rapports des hommes avec le gouvernement et elle doit reposer sur la liberté ; la science sociale embrasse les rapports des hommes entre eux, et elle doit reposer sur l'égalité. Le but des réformes sociales doit donc être la réalisation de l'égalité, comme le but des réformes politiques doit être la réalisation de la liberté. Et les réformes sociales doivent être le corollaire, le complément indispensable des réformes politiques. La liberté n'existera pas sans l'égalité, car l'organisation politique doit être l'expression de l'organisation sociale, et c'est quand le gouvernement au lieu d'émaner de la société est placé au-dessus d'elle qu'il y a despotisme. Les racines du despotisme sont donc sociales et non politiques ; et tant que les réformes n'auront pas embrassé l'ordre social en même temps que l'ordre politique, on n'aura rien fait[1]. L'impuissance du parti libéral tient à ce qu'il n'a pas compris cette grande vérité, et c'est pour cela qu'il ne peut appartenir qu'au parti socialiste d'asseoir la liberté sur des bases vraiment solides, parce que ces bases seront celles même de la justice.

1. Cette insuffisance des mesures purement politiques était déjà dénoncée en 1842 par Auguste Comte, l'éminent fondateur de la philosophie positive : « Dans les douloureuses collisions que nous prépare nécessairement l'anarchie actuelle, les vrais philosophes qui les auront prévues seront déjà préparés à y faire convenablement ressortir les grandes leçons sociales qu'elles doivent offrir à tous, en montrant ainsi aux uns et aux autres l'insuffisance inévitable des mesures purement politiques pour la juste destination qu'ils ont respectivement en vue, les uns quant au progrès, les autres quant à l'ordre. »

CHAPITRE II

L'instruction intégrale.

L'instruction est la condition essentielle du développement des facultés intellectuelles sans lequel il n'y a pas de liberté pour l'homme.

L'ignorant n'est même pas à proprement parler un homme : il n'est homme du moins que par sa prédisposition générale à s'instruire qui supplée plus ou moins à son ignorance.

L'instruction est le point de départ de tous les progrès de l'humanité, c'est elle qui développe la plus grande force de l'univers, l'esprit, qui a conquis la matière.

L'instruction bien dirigée pourrait suffire à elle seule pour réformer la société. — « J'ai toujours pensé, disait Lebnitz, que l'on réformerait le genre humain, si l'on réformait l'éducation de la jeunesse. »

Et Mirabeau : « Croyons que, si l'on excepte les accidents, suites inévitables de l'ordre général, il n'y a de mal sur la terre que parce qu'il y a des erreurs ; que le jour où les lumières et la morale avec elles pénétreront dans les diverses classes de la société, les âmes faibles auront du courage par prudence, les ambitieux des mœurs par intérêt, les puissants de la modération par prévoyance, les riches de la bienfaisance par calcul, et qu'ainsi l'instruction diminuera, tôt ou tard, mais infailliblement, les maux de l'espèce humaine, jusqu'à rendre sa condition la plus douce dont soient susceptibles des êtres périssables[1]. »

« L'instruction, » disait encore Mirabeau, « suffira à l'organisation des sociétés, et les préservera des convulsions de la violence. »

L'instruction affranchit les hommes. L'ignorance met à l'exercice des facultés humaines un empêchement invincible ; le plus violent des despotismes ne nous mettrait pas dans une impossibilité plus absolue d'agir, et ne paralyserait pas notre liberté d'une façon plus complète.

1. *Sur Mosés Mendelshon et la réforme politique des Juifs.* 1785.

Quand l'humanité connaîtra les lois de la science, elle ne dépendra plus des lois arbitraires, auxquelles son ignorance l'a soumise jusqu'ici.

L'instruction publique doit donc être la première préoccupation des législateurs qui poursuivent vraiment la réalisation de la liberté. Cette préoccupation doit passer avant toutes les autres. « Soyez instituteurs avant d'être législateurs, » disait Bancal en 1793 à la Convention nationale. « Sachez qu'on ne peut faire de révolution durable dans les lois, si l'on ne commence par la faire dans l'opinion et dans les mœurs. Investissez le peuple du droit qui lui fera connaître et lui assurera tous les autres. Donnez-lui l'existence morale, qui tue les préjugés et garantit l'existence physique. »

Tout homme en venant au monde a droit à l'instruction, c'est-à-dire au développement de ses facultés intellectuelles. Ce droit n'est pas moins sacré que le droit de vivre, que le droit de développer ses facultés physiques.

Les parents doivent à leurs enfants le pain de l'intelligence, comme ils leur doivent le pain de la vie physique, et s'ils les laissent croupir dans l'ignorance, ils sont autant et plus coupables que s'ils les laissaient mourir de faim.

Il n'est pas douteux que la société ait le droit

d'intervenir dans l'instruction, et cette intervention constitue la plus importante de toutes les fonctions publiques. La société a pour principal objet de garantir à tous ses membres le plein développement et le libre exercice de leurs facultés.

Il n'en résulte pas que l'État doive avoir le monopole de l'instruction, mais il doit lui donner l'impulsion et veiller à ce qu'aucun citoyen ne soit laissé dans l'ignorance. Il doit aussi établir de grands établissements modèles qui entretiennent une salutaire émulation, et mettre à la disposition des citoyens, par les bibliothèques publiques, les musées, les collections, tous les instruments utiles pour le perfectionnement de l'instruction et que les ressources privées ne pourraient pas facilement réunir.

Il est en France une école d'économistes qui veulent que le gouvernement n'intervienne en aucune façon dans l'instruction pas plus que dans l'industrie, et qui soutient que la loi de l'offre et de la demande suffira à provoquer des entreprises d'enseignement public comme toutes autres entreprises.

Ce système est combattu avec raison par M. Stuart Mill, qui est cependant un des plus grands partisans du *laissez faire* et du *laissez passer*, mais qui envisage la question avec l'esprit pratique des Anglais[1].

M. Stuart Mill fait d'abord observer que l'instruction est une des choses dont il peut arriver que ceux qui en ont le plus besoin, soient ceux qui sentent le moins ce besoin, et dans tous les cas les gens sans culture n'auraient pas assez de lumières pour choisir l'enseignement qui leur convient ou qui conviendrait à leurs enfants. Il est donc indispensable que l'État intervienne pour les guider.

Il peut même intervenir pour contraindre les pères de famille à instruire leurs enfants. L'argument tiré de la liberté du père de famille contre l'instruction obligatoire n'est pas soutenable. Il y a un droit qui passe avant tous les autres, c'est le droit de l'enfant. Et l'État peut et doit intervenir pour protéger l'enfant contre un père dénaturé.

Mais il faut d'ailleurs se garder du monopole gouvernemental en matière d'instruction, parce que ce monopole pourrait devenir le pire instrument de la tyrannie. — « Un gouvernement qui

1. Les réflexions de M. Stuart Mill que nous résumons sont extraites de son traité de *la Liberté*, et dans ce passage il s'attache à réfuter M. Dunoyer qui, dans son ouvrage sur la *Liberté du travail*, est opposé à toute intervention quelconque de l'État dans l'instruction.

peut former l'opinion et les sentiments du peuple depuis la jeunesse jusqu'à l'âge mûr, dit avec raison Stuart Mill, peut faire de ce peuple tout ce qui lui plaît. »

Les classes gouvernantes ont fait jusqu'ici tous leurs efforts pour fausser la direction donnée à l'instruction publique, parce qu'elles ont compris que le jour où l'instruction véritable aurait pénétré toutes les couches du peuple, leur privilége serait irrévocablement détruit. L'universalisation de la science ne tarderait pas à équilibrer promptement toutes les conditions sociales.

Dans une célèbre polémique avec M. de Girardin, M. de Lourdoueix, rédacteur en chef de la *Gazette de France*, faisait cet aveu remarquable : « Sur quoi vous fondez-vous pour déclarer à votre classe pensante et gouvernante qu'elle doit propager l'instruction dans les masses populaires ? *Est-ce qu'elle a le moindre intérêt à cela?* EST-CE QUE SON MONOPOLE DE DOMINATION NE S'APPAUVRIRA PAS EN S'ÉTENDANT ? »

A quoi M. Émile de Girardin répliquait avec raison : — « O apôtre de la raison de Dieu ! voilà donc les arguments par lesquels se trahissent vos préoccupations ? »

La distinction des classes, l'inégalité sociale est

entretenue par la distinction de l'instruction, en instruction primaire et instruction secondaire.

L'instruction primaire telle qu'elle est donnée est tout à fait insuffisante pour émanciper l'intelligence de ceux qui la reçoivent. Et tout le bruit que font les libéraux pour réclamer l'instruction primaire gratuite et obligatoire, n'est qu'un moyen de détourner l'attention publique des réformes essentielles à introduire dans les programmes et les méthodes de l'enseignement.

Tout est à faire, ou plutôt tout est à refaire à cet égard.

Il faut que l'instruction soit égale pour tous les citoyens, qu'elle soit la même pour les fils des pauvres et pour les fils des riches.

A défaut de l'égalité sociale, l'instruction établira entre tous les hommes cette égalité morale qui existe par le seul fait qu'ils sont en possession complète de leur raison, quelle que soit d'ailleurs l'étendue plus ou moins grande de leurs connaissances et la perception plus ou moins vive de leur intelligence. Les hommes peuvent avoir des aptitudes différentes ; mais il faut que leurs facultés reçoivent un égal développement.

Entre l'homme instruit et l'ignorant, il y a un abîme qui rend tout rapprochement impossible. Deux hommes, qui ont reçu une suffisante instruction première, sont égaux pour les choses ordinaires de la raison et peuvent discuter ensemble, alors même que l'un serait un savant des plus considérables et que la science de l'autre se bornerait aux notions les plus élémentaires.

« L'instruction, dit M. Dunoyer dans son livre de la *Liberté du travail*, détruit dans les basses classes ce qui les fait le plus invinciblement repousser par les classes élevées, à savoir, la grossièreté, la rudesse; elle élève les hommes en les polissant; elle les élève encore en ajoutant à leurs forces; or, si la richesse est une puissance, qui ne sait que l'esprit en est une aussi ? »

L'instruction égale amènerait promptement l'égalité des conditions, en dépit de tous les obstacles. Il n'y a plus en réalité que deux grandes classes : celle des ignorants et celle des gens qui savent. Quand le problème de l'ignorance sera résolu, le problème de la misère sera bien près de l'être. L'éducation peut combler la distance qui sépare le pauvre du riche et transformer toutes les conditions sociales.

« Il est difficile aujourd'hui, dit M. Littré (*Conservation, Révolution et Positivisme*), de se faire une idée suffisante de la puissance que prendra l'opinion publique quand elle sera ainsi appuyée sur une éducation commune. »

Cette égalité d'instruction, si outrageusement méconnue dans la société moderne, avait été indiquée avec netteté par les révolutionnaires nos pères comme le but à réaliser.

Il suffit pour s'en convaincre de parcourir le *Rapport sur l'organisation générale de l'instruction publique*, présenté par Condorcet à l'Assemblée législative, qui, entre autres considérations remarquables, contient les passages suivants :

« Offrir à tous les individus de l'espèce humaine les moyens de pourvoir à leurs besoins, d'assurer leur bien-être, de connaître et d'exercer leurs droits, d'entendre et de remplir leurs devoirs ;

« Assurer à chacun la faculté de perfectionner son industrie, de se rendre capable des fonctions sociales auxquelles il a le droit d'être appelé; de développer toute l'étendue des talents qu'il a reçus de la nature, et par là, établir, entre les citoyens, une égalité de fait, et rendre réelle l'égalité politique reconnue par la loi ;

« Tel doit être le premier but d'une instruction nationale, et, sous ce point de vue, elle est, pour la puissance publique, un devoir de justice.....

« Nous avons pensé que, dans ce plan d'organisation générale, notre premier soin devait être de rendre, d'un côté, l'éducation aussi égale, aussi universelle ; de l'autre, aussi complète que les circonstances pouvaient le permettre....

« Nous n'avons pas voulu qu'un seul homme, dans l'empire, pût dire, désormais : La loi m'assurait une entière égalité de droits, mais on me refuse le moyen de les connaître. Je ne dois dépendre que de la loi, mais mon ignorance me rend dépendant de tout ce qui m'entoure....

«....Il importe à la prospérité publique de donner aux enfants des classes pauvres qui sont les plus nombreuses, la possibilité de développer leurs talents : c'est un moyen non-seulement de fournir à la patrie plus de citoyens en état de la servir, aux sciences plus d'hommes capables de contribuer à leurs progrès, mais encore de diminuer cette inégalité qui naît de la différence des fortunes, de mêler entre elles les classes que cette différence tend à séparer. L'ordre de la nature n'établit dans la société d'autre inégalité que celle de l'instruction et de la richesse ; et, en étendant l'instruction, vous affaiblissez à la fois les effets de ces deux causes de distinction.

« L'avantage de l'instruction, moins exclusivement réuni à celui de l'opulence, deviendra moins sensible, et ne pourra plus être dangereux ; celui de naître riche sera balancé par l'égalité, par la supériorité même des lumières que doivent naturellement obtenir ceux qui ont un motif de plus d'en acquérir.

« Ainsi l'instruction doit être universelle, c'est-à-dire étendue à tous les citoyens. Elle doit être répartie avec toute l'égalité que permettent les limites nécessaires de la dépense, la distribution des hommes sur le territoire et le temps plus ou moins long que les enfants peuvent y consacrer. Elle doit, dans ses divers degrés, embrasser le système entier des connaissances humaines, et assurer aux hommes, dans tous les âges de la vie, la facilité de conserver leurs connaissances ou d'en acquérir de nouvelles.... »

Condorcet indique ainsi les réformes profondes qui doivent être introduites dans les programmes et les méthodes de l'instruction publique, en même temps que dans son organisation, et qui restent encore aujourd'hui à réaliser.

L'instruction, chez nous, est faussée à tous les degrés.

L'instruction primaire est insuffisante et ne peut que maintenir les classes inférieures dans leur état de subordination et de dépendance.

L'instruction secondaire fait des déclassés et des oisifs. Réfractaire à tous les progrès de l'esprit humain, notre instruction publique en est restée aux programmes du moyen âge. « Cette instruction est au fond celle qu'à l'origine recevaient les prêtres, et qui se réduisait surtout à l'étude de leur langue sacrée, plus la culture dialectique nécessaire à la défense de leurs dogmes[1]. »

Une semblable instruction n'est plus du tout en rapport avec les besoins de la société moderne, et tous les bons esprits s'accordent depuis longtemps à en signaler le vice essentiel.

« Il n'y a presque aucun rapport entre ce que nous apprenons étant enfants et ce qu'il nous faudra faire étant hommes, entre les études de l'adolescent et les occupations de l'âge viril. Nous sommes destinés aux professions les plus diverses, et l'éducation commune ne tend à faire d'abord de nous que des lettrés et encore des lettrés dans des littératures mortes depuis quinze ou vingt siècles, et qui ont absolument cessé d'être l'expression de la soéiété; de sorte que cette éducation toute littéraire ne semble pas même propre à former des littérateurs, du moins à prendre ce mot dans son acception véritable, et si nous voulons entendre par là des hommes véritablement habiles à rendre par la parole écrite les idées et les impressions de leur temps. »

L'enseignement universitaire est purement spé-

1. Littré, *Conservation, Révolution et Positivisme.*

culatif; l'étude ne se lie jamais à aucun travail pratique. « Qui ne comprend à quel point toute l'existence des enfants doit se ressentir de ces longues années, précisément les plus jeunes et les plus actives, données à la spéculation, passées loin de la vie réelle, et combien leur puissance pratique doit en être amoindrie[1]. »

L'éducation est ainsi détournée de sa destination véritable, qui doit être de façonner les enfants aux professions de toute espèce qu'embrasse l'économie de la société, de les disposer à l'action, de les mettre au niveau de toutes les entreprises, de leur préparer des ressources pour toutes les difficultés et toutes les épreuves de la vie.

L'instruction doit être pratique et professionnelle; elle doit initier les hommes aux arts industriels et aux sciences dans leurs applications à l'industrie; elle doit les habituer de bonne heure au travail et au travail manuel; elle doit leur apprendre les langues vivantes, afin de leur permettre d'étendre sans difficultés leurs relatoins à tous les pays.

Elle doit être intégrale, embrasser l'ensemble des connaissances humaines, initier du moins aux principes de toutes les connaissances et en incul-

1. Dunoyer, *La liberté du travail.*

quer les éléments essentiels. On n'apprend aujourd'hui les sciences aux jeunes gens que d'une façon fragmentaire, isolée et spéciale. Il importe de les systématiser, afin d'embrasser en un seul point de vue le monde extérieur, l'homme individuel et la société.

M. Auguste Comte, le fondateur de la philosophie positive, s'est beaucoup préoccupé de cette direction nouvelle à donner à l'instruction publique en même temps que de la systématisation des sciences, et il a tracé un plan remarquable d'instruction intégrale et positive, laquelle ne doit pas être séparée de l'apprentissage industriel.

Cette réforme de l'éducation publique est une des plus urgentes et des plus importantes à réaliser, et afin d'éviter tout malentendu les socialistes doivent prendre pour mot de ralliement : l'instruction intégrale et égale pour tous, et l'opposer à l'*instruction gratuite et obligatoire*, laquelle ne s'appliquant qu'à une instruction primaire tout à fait insuffisante, est de nature à maintenir toutes les inégalités sociales qu'il s'agit précisément de faire disparaître.

CHAPITRE III

Organisation du travail.

Le travail est le maître du monde. Il a été l'initiateur de la société dont il doit devenir le régulateur suprême. L'homme veut être heureux, veut jouir. Or on ne jouit que par le travail. La nature est une bonne mère, mais elle veut être sollicitée. L'association pour le travail, car les forces de l'individu sont limitées, a été la première forme de la société. La première manifestation des rapports sociaux a eu pour objet l'échange des produits du travail, et cet échange a révélé aux hommes la grande loi de la solidarité sociale.

Toutes les améliorations dans la condition des particuliers, tous les perfectionnements, toutes les commodités de la civilisation, tout a été produit par le travail.

La loi de l'homme dans la société, c'est donc le travail. Le travail est la condition de l'existence et du bien-être; tout le monde doit travailler pour vivre et pour participer à l'œuvre civilisatrice.

C'est donc dans l'organisation du travail qu'il importe avant tout de réaliser la liberté et l'égalité, car l'organisation du travail est le fondement même de l'organisation de la société.

La première forme du despotisme a été l'exploitation par quelques hommes du travail des autres.

Les despotes oisifs, en s'emparant de gré ou de force des produits du travail ont prétendu jouir du bien-être qui est la compensation du travail, et laisser la peine aux travailleurs.

Ainsi la loi naturelle de la société a été violée et avec elle le principe de justice qui devait régler les rapports sociaux.

« La nature est juste envers les hommes, » dit Montesquieu ; « elle les récompense de leurs peines; elle les rend laborieux, parce qu'à de plus grands travaux elle attache de plus grandes récompenses; mais si un pouvoir arbitraire ôte les récompenses de la nature, on se prend de dégoût pour le travail, et l'inaction paraît le seul bien. »

C'est ainsi que le travail, cette grandeur de

l'homme, cet emblème de sa puissance infinie, cette condition de son existence, a été considéré comme une servitude, comme une déchéance; et toutes les lois de la nature ont été renversées, toutes ses indications salutaires ont été perverties.

De là est venue cette idée que les hommes étaient faits pour souffrir et que les jouissances étaient réservées aux dieux ou aux souverains, leurs représentants sur la terre. L'idée aristocratique a étendu le nombre des hommes admis aux jouissances sociales, mais elle n'a fait qu'appesantir plus lourdement sur la masse le joug de la souffrance, c'est-à-dire du travail.

C'est ainsi que la liberté des citoyens des républiques antiques était fondée sur l'esclavage, c'est-à-dire sur le travail des autres. La société de l'ancien régime était fondée sur le servage, qui représentait la même idée sous un autre mot. Notre société moderne est encore fondée sur le salariat, qui n'est qu'une forme déguisée de l'esclavage. En effet, c'est toujours le travail des autres qui alimente la richesse et le bien-être des classes élevées.

La théorie de ce despotisme social, base de la liberté aristocratique, a été faite par Platon et par Aristote : — « La nature, dit Platon, n'a produit ni cordonniers ni forgerons; de pareilles occupations dégradent ceux qui les exercent, vils mercenaires, misérables sans nom qui sont exclus par leur état même des droits du citoyen. » — « Une bonne constitution, dit Aristote, n'admettra jamais les artisans parmi les citoyens. La qualité de citoyen appartient, non pas à tous les hommes libres, par cela seul qu'ils sont libres; elle n'appartient qu'à ceux qui n'ont pas à travailler pour vivre. Travailler pour la personne d'un individu, c'est être esclave; travailler pour le public, c'est être ouvrier ou mercenaire. Il suffit de donner à ces faits la moindre attention pour que la question soit parfaitement claire. »

Toute notre organisation sociale repose encore sur ces préjugés et sur ces sophismes. Ainsi exposés dans leur nudité, ou plutôt dans leur naïveté, ne se réfutent-ils pas d'eux-mêmes?

La nature, dit-on, n'a créé ni cordonniers ni forgerons. Mais elle nous a fait une loi de vivre et de nous développer, et comme le travail est la condition essentielle de notre existence et de notre développement, il en résulte que le travail est la première loi de la nature.

Travailler pour les autres constitue une infériorité et une servitude. Aussi faut-il que tout le monde travaille. Alors chacun travaillera vraiment pour soi, et l'échange réciproque des produits du travail sera la consécration de l'égalité sociale.

C'est sur ce principe que doit être fondée la liberté moderne, et c'est en cela qu'elle se distingue profondément de la liberté antique.

Il n'est pas besoin d'être socialiste pour reconnaître la justesse de cette proposition. « Il n'y a de véritable égalité que devant le travail et par le travail, dit très-justement M. de Cormenin; et, en bonne justice comme en bonne économie, pour consommer il faut produire. » Ceux-là seuls qui travaillent ont le droit de vivre, et ceux qui vivent sans travailler vivent nécessairement aux dépens des autres; ce qui est un abus intolérable. Il faut donc les obliger à travailler, afin de les faire rentrer dans l'ordre et dans la justice.

La formule de l'égalité sociale, c'est que les produits s'échangent contre les produits, c'est-à-dire que tous ceux qui veulent participer à la communion sociale doivent travailler, et qu'un homme ne peut exiger un travail d'un autre homme qu'à la condition de lui donner un équivalent de son propre travail.

Le travail d'un homme vaut le travail d'un autre homme; il n'y a pas de professions serviles et de professions libérales; c'est surtout dans le travail que les hommes doivent être égaux; une heure du travail d'un maçon vaut une heure du travail de l'architecte; une heure du travail de l'artisan vaut une heure du travail du médecin ou de l'avocat; et enfin une heure du travail d'un administré vaut une heure du travail d'un administrateur. C'est sur cette base de l'équivalence des fonctions qu'il faut asseoir l'égalité sociale, sans laquelle, on ne saurait trop le répéter, il n'y a pas de véritable égalité, partant pas de véritable liberté.

Ce principe de l'équivalence des fonctions, formulé par Proudhon, avait été entrevu par Condorcet, qui écrivait en 1792, dans un article de la *Chronique du mois*, intitulé : *De la nature des pouvoirs politiques dans une nation libre :* — « Toute société se partage nécessairement en deux classes: ceux qui gouvernent et ceux qui sont gouvernés; et il en résulte une inégalité réelle et nécessaire, jusqu'au moment, encore éloigné peut-être, où les hommes regarderont le travail de faire des lois, de rendre des jugements, comme une simple occupation du même genre que celle de faire un livre, de combiner une machine, de résoudre un problème. » — Laquelle occupation, aurait dû ajouter Condorcet, est elle-même du même genre que celle de bâtir une maison, de fabriquer un ustensile, de cultiver la terre, en un mot de faire un travail manuel quelconque.

Et le travail par excellence, c'est le travail producteur, c'est celui qui accroît vraiment les ressources de la société. Il importe donc de réhabiliter le travail manuel, et surtout d'en finir avec ce préjugé qui nous fait accorder une distinction particulière aux professions dites *libérales*, tandis que ces professions, composées le plus souvent d'individus parasites, qui, comme les avocats, spéculent sur l'injustice et la mauvaise foi des hommes, sur les crimes, sur les malheurs de la société, devraient au contraire être frappées de déconsidération.

C'est sur ces principes qu'il importe de réorganiser le travail et par le travail de réformer la société.

Les produits, disons-nous, s'échangent contre les produits. Pour que l'échange ait lieu sur des bases équitables, il faut que chaque travailleur jouisse du produit intégral de son travail. Si l'ouvrier qui produit 3 reçoit 1, puis va au marché pour racheter avec 1 ce qui a coûté 3 à produire d'abord, et ce qui, en outre, se trouve augmenté de frais accessoires multipliés et cumulés, il est fatalement condamné à la misère; il ne peut y échapper, dans tous les cas, que par des efforts surhumains.

C'est ce qui a lieu actuellement avec les prélèvements exorbitants du capital sur le travail, prélèvements qui n'auraient plus leur raison d'être si tout le monde travaillait.

Un économiste qui n'est pas suspect de socialisme, Adam Smith, nous fait bien toucher du doigt la nature abusive du prélèvement capitaliste : « On dira que les profits du capital (le bénéfice qu'il prélève sur le travail d'autrui) ne sont autre chose qu'un nom différent donné au salaire d'une espèce particulière de travail, le travail de direction et d'inspection. Ils sont cependant d'une nature absolument différente des salaires ; ils se règlent sur des principes entièrement différents, et ne sont nullement en rapport avec la quantité et la nature de ce *prétendu travail* d'inspection et de direction. Ils se règlent en entier sur la valeur du capital employé, et ils sont plus ou moins forts, à proportion de l'étendue de ce capital. Le salaire du travail est en raison du travail ; le profit de l'entrepreneur est en raison du capital. Si le manufacturier opère sur un million, et si son travail d'inspection équivaut à 10 p. 100, il percevra 100 000 fr. ; s'il opère sur 2 millions, il percevra 200 000 fr., bien que son travail soit à peu près le même.

Le patron, outre son prélèvement sur le travail individuel de chacun des ouvriers qu'il emploie, bénéficie de tout le du travail collectif, qui produit des résultats que ne pourrait jamais atteindre le travail individuel, mais qui, .selon leslois de la justice, devraient profiter à la collectivité des travailleurs qui les ont obtenus.

Les rapports du capital et du travail sont ainsi la cause fondamentale de l'inégalité sociale, et pour tarir cette inégalité dans sa source, il importe de réformer les relations du capital et du travail, d'après les principes de la justice.

Le travail aujourd'hui est placé sous la dépendance absolue du capital. Or, il faut mettre le travail sur un pied d'égalité complète vis-à-vis du capital.

Nous touchons ici au nœud du problème social.

Le capital est le rempart du despotisme social, lequel est le fondement du despotisme politique.

Il importe d'abord de bien éclaircir les notions relatives au phénomène du capital. Qu'est-ce que le capital? C'est, d'après la définition de tous les économistes, du travail accumulé ; c'est un fonds produit par les résultats d'un travail antérieur.

Ce fonds, disent les économistes, est nécessaire pour procurer aux travailleurs les outils, l'agencement, les matières qu'exige le travail, et pour les nourrir et les entretenir pendant leur œuvre qui pour être parfaite et négociable peut exiger un temps plus ou moins considérable, plusieurs jours ou plusieurs semaines. « En observant les procédés de l'industrie, » dit J. B. Say, « on s'aperçoit que seul, abandonné à lui-même, le travail ne suffit pas pour donner de la valeur aux choses. Il faut de plus que l'homme possède des produits déjà existants, sans lesquels son industrie, quelque habile qu'on le suppose, resterait dans l'inaction. » — « Sans cette condition, » dit M. Stuart Mill, « aucune opération de production n'est possible, au delà toutefois des commencements d'une industrie grossière et pauvre. »

Cela nous explique bien l'utilité du capital, qui est un auxiliaire important, indispensable si l'on veut, du travail. Mais cette explication nous indique en même temps le caractère essentiel et obstinément méconnu du capital, qui doit être subordonné au travail puisqu'il en est le produit [1]. A

1. Il ne s'agit pas de supprimer le capital, mais de le ramener à sa véritable fonction. « Ni l'idée, ni la chose ne doivent périr, » dit Proudhon, « puisque supprimer le capital, ce serait interdire le travail. Ce que nous voulons abolir dans le capital, c'est sa prépondérance à l'égard du travail, c'est la séparation du travailleur et du capitaliste en deux catégories de personnes dont

l'apologie que nous avons faite plus haut du travail, il faut donc joindre ce trait qu'il est l'auteur du capital.

Si donc le travail est soumis au capital, c'est le monde renversé.

La source de l'abus, c'est que le capital est séparé du travail auquel il devrait rester étroitement uni; c'est qu'en réalité, dans l'état actuel, le capital est,

les intérêts sont contradictoires, et dont l'une est nécessairement oppressive de l'autre. »

Il n'est pas douteux que si l'on veut séparer le capital du travail, c'est le travail qui doit faire la loi; les rapports actuels du capital et du travail doivent être complétement intervertis ; c'est le capital, dont les services sont limités, qui doit recevoir un salaire fixe, et c'est le travail, dont la puissance est illimitée est vraiment créatrice, qui doit avoir les bénéfices indéterminés. La seule objection sérieuse que l'on puisse opposer à cette proposition, c'est que, dans la pratique actuelle, le capital assume ordinairement tous les risques de l'entreprise, et c'est dans cette responsabilité qu'il puise tous ses droits. Il est évident que cette responsabilité devra être assumée par le travailleur. Et c'est précisément parce que le salaire est une prime donnée à l'irresponsabilité du travailleur qu'il est essentiellement démoralisant et doit être absolument répudié.

Mais cette dualité du capital et du travail, créée par le vice fondamental de notre état social et entretenue à tort par les économistes, doit disparaître. Dans la production, le capital n'a pas en réalité de fonction distincte de celle du travail; M. Stuart Mill l'avoue expressément, et il faut prendre acte de son aveu : « Sa fonction (la fonction du capital), son *instrumentalité* dans la production, est en réalité la fonction du travail sous une autre forme. »

entre les mains de ceux qui le possèdent, le produit du travail des autres.

Le capital, fils du travail, se révolte contre son auteur, l'asservit et l'exploite. C'est là un désordre qui est la cause de tous les vices de notre organisation sociale.

C'est dans la violence et dans la conquête qu'il faut chercher l'origine de la domination abusive du capital, — qui est la même que celle de tout despotisme.

Nous avons cité l'opinion remarquable de Montesquieu.

L'un des premiers économistes français, Boisguillebert, qui écrivait vers 1700, est encore plus explicite : « Le crime et la violence s'étant mis, avec le temps, de la partie, celui qui fut le plus fort voulut ne rien faire et jouir des fruits du travail du plus faible, en se rebellant entièrement contre les ordres du créateur. »

Les économistes eux-mêmes, quand ils sont de bonne foi, reconnaissent ce désordre, bien qu'ils n'aient pas la hardiesse d'envisager le remède. C'est ainsi que M. Stuart Mill écrit ces paroles remarquables : « L'organisation sociale de l'Europe a eu pour point de départ la distribution d'une propriété qui était le résultat non d'une juste répartition ou d'acquisitions faites à l'aide de l'industrie, mais de la conquête et de la violence; et, malgré ce que l'industrie a fait depuis tant de siècles pour modifier l'œuvre de la force, le système conserve de nombreuses et profondes traces de son origine. »

Voilà qui justifie complétement les critiques de la propriété faites par les socialistes.

Il faut ramener la propriété au principe qui seul peut la rendre légitime : c'est qu'elle soit la garantie, pour chaque citoyen, du produit de son travail.

Pour continuer à nous abriter sous une autorité qui ne soit pas suspecte, nous allons laisser M. Stuart Mill nous expliquer et nous faire toucher au doigt comment l'institution de la propriété a été dénaturée, et comment l'organisation actuelle de la propriété repose sur une injustice qui appelle un prompt redressement.

« La propriété individuelle, toutes les fois que l'on entreprend sa défense, » dit M. Stuart Mill, « est supposée impliquer la garantie aux individus des fruits de leur propre travail et de leur propre abstinence. La garantie des fruits du travail et de l'abstinence des autres qui leur est transmise sans aucun mérite ou effort de leur part, n'est pas l'essence même de l'institution, mais une conséquence purement passagère, qui, arrivée à un certain point, ne favorise pas, mais combat les fins qui rendent légitime la propriété individuelle. »

« Les lois de la propriété ne se sont jamais encore conformées aux principes sur lesquels repose la justification de la propriété privée, » dit encore l'éminent économiste anglais. « Elles ont fait une propriété de choses qui ne devraient jamais être considérées comme telles, et créé une propriété absolue là où il n'aurait dû exister qu'une propriété conditionnelle. Elles n'ont pas tenu la balance équitablement entre les créatures humaines, mais elles ont accumulé les obstacles pour quelques-uns, afin de donner des avantages au reste de la société; elles ont à dessein entretenu les inégalités et empêché que tous pussent s'élancer sans obstacle dans la carrière.... »

M. Stuart Mill est tellement pénétré de ces inconvénients et de ces abus qu'il ne craint pas de reconnaître, avec une bien honorable loyauté, la supériorité du communisme, si on le compare à l'organisation sociale actuelle.

« S'il fallait choisir, dit-il, entre le communisme avec toutes ses chances et l'état actuel de la société avec toutes ses souffrances et ses injustices; si l'institution de la propriété particulière entraînait nécessairement avec elle cette conséquence, que le produit du travail fût réparti, ainsi que nous le voyons aujourd'hui, presque toujours en raison inverse du travail accompli, la meilleure part échéant à ceux qui n'ont jamais travaillé, puis à ceux dont le travail est purement nominal, et ainsi de suite, d'après une échelle descendante, la rémunération diminuant à mesure que le travail devient plus pénible et plus rebutant, jusqu'au point où le travail physique le plus fatigant et le plus fait pour épuiser les forces corporelles ne peut compter avec assurance qu'il se procurera même les choses nécessaires à la vie; s'il n'y avait d'alternative qu'entre cet état de choses et le communisme, toutes les difficultés du communisme, grandes ou petites, ne seraient qu'un grain de poussière dans la balance.... »

« Mais, s'empresse-t-il d'ajouter, pour rendre la comparaison applicable, nous devons comparer le communisme, en ce qu'il a de meilleur, avec le régime de la propriété individuelle, non tel qu'il est, mais tel qu'il pourrait et devrait être. Que tous puissent s'élever dans des conditions parfaitement identiques, c'est ce qui est en désaccord avec le principe de la propriété individuelle; mais si toute la peine que l'on a prise pour aggraver l'inégalité des chances dérivant de l'action naturelle de ce principe l'eût été pour amoindrir cette inégalité par tout moyen qui n'eût pas détruit le principe lui-même, si la tendance de la législation eût été de favoriser la diffusion et non la concentration de la richesse, on n'eût pas trouvé que le principe de la propriété individuelle avait une connexion fatale avec les maux physiques et sociaux que presque tous les écrivains socialistes affirment être inhérents à ce principe. »

« Les mauvaises lois accroissent l'inégalité des richesses, disait pareillement Condorcet; les bonnes peuvent aisément la réduire à de justes bornes. »

L'économie politique ne s'est pas du tout tenue en souci de suivre ces indications, et elle s'est bornée le plus souvent à un empirisme stérile, quand elle n'a pas cherché à justifier par des sophismes grossiers et par la plus irritante confusion de langage l'état de choses anti-scientifique non moins qu'injuste qu'elle avait pour mission au contraire de corriger [1].

Mais ces citations sont utiles pour montrer à

1. Pour devenir une science sérieuse l'économie politique doit se transformer et devenir la science du travail, au lieu d'être la science de la richesse. « La première source des richesses, c'est le travail, » dit Rossi. Le travail a des lois scientifiques, tandis que la richesse, en tant qu'elle est fondée sur l'inégalité sociale, n'est qu'un phénomène social transitoire, qui n'a rien de scientifique, et qui est destiné à disparaître quand les véritables lois du travail et de la société auront été découvertes.

tous les esprits de bonne foi qu'en poursuivant dans l'organisation sociale la réalisation des principes d'égalité et de liberté, donnés comme base à notre organisation civile et politique, les socialistes ne poursuivent pas une pure utopie, et qu'ils ont raison de demander une reconstitution de la propriété sur des bases nouvelles.

Dans l'organisation actuelle, la propriété n'est presque jamais fondée sur le travail de ceux qui la possèdent; elle est presque toujours le résultat du travail des autres. Mais dans nombre de cas elle n'a pas d'autre origine que la spéculation; or, la spéculation remplace le travail par le jeu, et elle côtoie de bien près la fraude quand elle ne se confond pas avec elle[1]; elle sacrifie la prospérité générale et la propriété de nombre d'individus à l'avantage de quelques-uns qui ont le talent d'exploiter tous les autres.

C'est un dicton vulgaire que les affaires, c'est l'argent des autres. Mais c'est là, il faut bien le dire, le renversement de tous les principes de la justice

1. Il faut opposer aux débordements de la spéculation et de l'agiotage cette sage maxime de Franklin : « Si quelqu'un vous dit que vous pouvez vous enrichir autrement que par le travail et l'économie, ne l'écoutez pas, c'est un empoisonneur. » Que ce soit la condamnation et la flétrissure de toutes les opérations de Bourse, qni sont le scandale de notre époque, et une cause incessante de démoralisation publique.

et de la solidarité sociale. C'est un véritable état de brigandage qui menace la sécurité de tous. La spéculation moderne a réalisé la fameuse dénomination de Proudhon : *La propriété, c'est le vol.*

Quand donc tous les propriétaires honnêtes comprendront-ils que ces abus qui s'abritent derrière la fausse notion de la propriété considérée comme un droit absolu, sont les véritables fléaux de la propriété? « Est-ce que la propriété n'est pas arrachée des mains de ceux qui la possèdent par d'infâmes et audacieuses banqueroutes, plus souvent que par les brigands et les voleurs de profession? » dit Channing. « Quelques spéculateurs sans principes n'ont-ils pas quelquefois causé des souffrances et des maux plus étendus que tous les condamnés d'une prison publique? »

La société actuelle repose sur l'antagonisme et le désordre; la fortune des heureux du monde est faite de la misère et de la ruine de la multitude. Il faut rétablir la solidarité qui est la condition de l'harmonie sociale, en ramenant l'égalité, audacieusement violée par l'injustice et la cupidité effrénée de quelques hommes.

Voilà le but que doivent se proposer les hommes politiques qui veulent vraiment assurer le bonheur de l'humanité en établissant le règne de la liberté et de la justice.

Il ne s'agit pas de procéder par la contrainte ni par la voie autoritaire. Mais il faut reconnaître aussi que la liberté du travail, dans les conditions actuelles de l'organisation industrielle, ne sert qu'à couvrir l'exploitation odieuse des travailleurs, surtout quand on lui donne pour corollaire, comme le font nos économistes et nos libéraux, la liberté du capital[1].

La libre concurrence est un champ clos où des hommes garrottés et désarmés sont livrés à d'autres munis de bonnes armes.

Pour que le capital et le travail pussent être dans des conditions réciproques de liberté il faudrait que leurs relations fussent établies sur un pied d'égalité, il faudrait que la révolution économique fût faite. Or c'est précisément cette révolution qu'il s'agit de faire. Elle doit être, comme toutes les choses scientifiques, l'œuvre de la science.

Dire que la liberté doit suffire pour résoudre la question sociale, comme le répètent communément

1. M. Jules Simon a écrit un livre sur *la Liberté*. Un des chapitres de ce livre est consacré à *la liberté du capital*. Le chapitre qui suit immédiatement est consacré à *la liberté de l'atelier*. Au nom de la liberté du capital, M. Jules Simon réprouve expressément le droit de coalition pour les ouvriers.

nos libéraux, c'est dire une sottise, quand ce n'est pas consacrer une injustice.

C'est comme si l'on disait que la liberté suffit pour résoudre un problème scientifique quelconque.

Mais en proposant ainsi la liberté comme une solution de la question sociale, on fait preuve de tant de légèreté et d'ignorance que l'on ne s'aperçoit pas que l'on se heurte précisément au point le plus délicat, le plus grave et le plus complexe du problème.

Le problème est précisément de savoir comment la liberté peut être réalisée tant que la question sociale n'est pas résolue. Nous avons montré comment sans égalité il n'y avait pas de liberté, et comment l'égalité elle-même n'est qu'un mot si l'égalité sociale n'est pas réalisée.

Or, c'est par une organisation du travail conforme aux lois de la nature, aux lois de la science et de la justice, que l'on réalisera l'égalité sociale.

L'organisation du travail est le problème même de l'organisation sociale, qui embrasse l'organisation politique. C'est la plus haute, la plus grave question qui puisse être soulevée.

L'objet de la politique et de tous les efforts de l'activité humaine, c'est la réalisation du bien-être pour tous. Or l'organisation du travail doit nous donner la clef du bien-être universel.

Tous les systèmes socialistes ont pour objet l'organisation du travail.

Ce n'est pas la place ici d'exposer ni de discuter ces systèmes. Mais nous pensons en avoir dit assez pour avoir convaincu nos lecteurs qu'il s'agit avant tout de faire prévaloir ces trois principes essentiels, complétement méconnus dans l'organisation sociale actuelle :

Obligation du travail pour tous;

Garantie au travailleur de l'intégralité du produit de son travail ;

Équivalence des fonctions.

Quand tout le monde travaillera, quand tout le monde jouira de l'intégralité du produit de son travail, quand il sera reconnu que tous les travaux se valent et que l'échange des produits et des services doit se faire entre tous les travailleurs sur le pied de l'égalité, la plupart des maux de l'état social actuel seront bien près de disparaître. et il n'y aura plus dans les fortunes ces inégalités choquantes qui sont actuellement un si grand obstacle à la justice. La solidarité, qui doit être la véritable loi de la société, prévaudra tout naturellement parce que l'antagonisme qui apporte actuellement un si grand trouble dans toutes les relations sociales, aura été tranché dans sa racine.

Les conditions seront égales. Il y aura parmi les travailleurs des fonctions diverses, comme il y a des aptitudes diverses parmi les hommes. Il y aura entre les travailleurs des rapports de subordination nécessaires, mais cette subordination sera librement consentie, et ne constituera pas une infériorité pour ceux qui l'accepteront; le plus souvent les directeurs du travail seront nommés à l'élection, comme les fonctionnaires de l'administration publique. Les fonctions industrielles seront décernées au plus capab'e et au plus digne tandis qu'elles sont décernées actuellement au plus riche. Il faut détruire le privilége de la richesse dans l'ordre économique, comme l'on a détruit le privilége de la naissance dans l'ordre civil.

CHAPITRE IV

Organisation de l'échange.

Un abus social non moins grave que celui de l'exploitation des travailleurs par les capitalistes, c'est l'exploitation des producteurs et des consommateurs par les intermédiaires échangistes.

L'échange est le point de départ de tous les rapports sociaux, et son développement est la loi de la civilisation.

Les lois de la production montrent que l'individu ne saurait fabriquer la variété infinie des objets nécessaires à sa consommation ; il faut donc que chacun avec une seule espèce de produit soit en mesure de se procurer tout ce dont il a besoin. Ceci ne peut se faire que par voie d'échange, en cédant une part de sa propriété pour obtenir une part équivalente de la propriété d'autrui.

Quand la chose cédée représente une consommation semblable à celle de la chose reçue, l'échange est conforme aux lois de la justice, le rapport de la production et de la consommation est maintenu et chacun obtient la richesse que comporte son travail; mais si l'on ne reçoit que comme 50 en donnant comme 100, on se trouve dépouillé de la moitié de son produit.

Le moyen d'éviter ce mal consiste, en premier lieu, à déterminer, autant que la chose est possible, la valeur des divers produits ou des divers services.

Mais l'échange, dans notre société actuelle, au lieu d'être réglé positivement et scientifiquement, conformément à la justice, c'est-à-dire aux droits réciproques des producteurs et des consommateurs, est abandonné à la spéculation, c'est-à-dire qu'il est livré à l'arbitraire, à l'ignorance et à la fraude; il n'est soumis à aucune règle, à aucun contrôle.

La valeur dépend uniquement de la loi de l'offre et de la demande laquelle, telle que l'entendent les économistes, consacre l'anarchie la plus complète avec tous les abus qu'elle engendre.

Ce qui nous égare c'est toujours la fausse notion que nous avons de la liberté, qui n'a rien à faire dans le domaine scientifique, et qui dans le domaine social, quand elle ne s'appuie ni sur la science ni sur la justice, ne fait que consacrer tous les abus de la violence et de la fraude. C'est ainsi que l'on en est venu à justifier au nom de la liberté toutes les aberrations les plus criminelles de la spéculation et de l'agiotage.

Après avoir essayé d'établir toute leur théorie de la valeur sur les rapports de l'offre et de la demande, qui attendent eux-mêmes leur loi, les économistes sont bien obligés de reconnaître en fin de compte que, si la valeur de certaines choses est une valeur de rareté, la plupart des choses, et sur tout les plus usuelles, s'échangent l'une contre l'autre en raison du coût de leur production.

Adam Smith pose ce principe fondamental que le *travail est la mesure de la valeur*, et Ricardo exprime la même idée en d'autres termes, à savoir que *la valeur est réglée par les frais de production.*

Mais au lieu de tirer hardiment les conséquences de ce principe, de ramener à lui toute la théorie de la valeur, et de diminuer les abus ou les désordres qui résultent de son inobservation, les économistes se sont arrêtés à moitié route, et ils ont établi la fameuse distinction de la valeur *d'usage* ou valeur en soi et de la valeur *en échange* ou d'opinion, autrement dit le prix *naturel* et le prix *courant*.

C'est-à-dire qu'après avoir proclamé la loi, ils l'ont aussitôt annulée en consacrant l'abus, et en lui reconnaissant une légitimité égale à celle de la loi; comme toujours, ils ont versé dans l'empirisme, au lieu de s'élever jusqu'à la science.

Sans doute le travail a des lois qui le dominent et doivent le diriger, dont la principale est l'utilité sociale; sans doute le travail ne vaut pas par lui-même, mais par l'utilité qu'il crée et le service qu'il rend.

Mais cette loi même fait que la production et la valeur ne doivent pas être livrées à l'anarchie du hasard, ni à la piraterie de la spéculation.

Dans les conditions actuelles de l'échange, il y a antagonisme complet entre le producteur et le consommateur, celui-ci ne se préoccupant que de vendre le plus cher, et celui-là que d'acheter le meilleur marché. Le vendeur s'efforce par tous les moyens possibles de tromper l'acheteur afin d'écouler sa marchandise de la façon la plus avantageuse pour lui. L'acheteur, d'autre part, n'a pas d'autre souci que d'acheter le meilleur marché sans s'inquiéter de savoir si le producteur vend à perte ou non. C'est-à-dire qu'il n'a aucun scrupule à exploiter sa misère ou à le faire mourir de faim, s'il a été imprévoyant ou malheureux. De part et d'autre chacun ne songe qu'à abuser de ses avantages et à tirer parti des désavantages de son partenaire.

C'est le droit de la force dans toute sa brutalité, tempéré seulement par la ruse qui, en nombre de cas, ne fait que le rendre plus odieux. La société est en état de guerre.

Et ce qui achève de rendre cet état tout à fait funeste, c'est que le producteur et le consommateur ne sont pas le plus souvent directement en rapport, auquel cas ils pourraient arriver à s'apercevoir que leurs intérêts sont solidaires et à mettre un terme à un antagonisme fratricide. Mais l'un et l'autre sont la proie d'intermédiaires, qui les exploitent réciproquement et s'engraissent de leur substance.

On n'aurait pas de peine à établir que l'intérêt des producteurs et des consommateurs est identique, d'autant plus que tous les consommateurs sont en même temps producteurs, et tous les producteurs réciproquement consommateurs. L'ordre, l'équilibre, et l'harmonie ne tarderaient pas à résulter des rapports directs.

Mais il y a une classe d'intermédiaires dont les intérêts sont contraires à la fois à ceux des producteurs et à ceux des consommateurs et qui ne vivent que de l'exploitation des uns et des autres.

Ces intermédiaires ont pu être utiles à l'origine, parce que leur industrie a rapproché et mis en rapport les consommateurs et les producteurs.

Mais avec les facilités que donnent les voies de communication et de correspondance, avec le développement de l'éducation économique, ces intermédiaires pourraient facilement être supprimés, ou du moins leur rôle pourrait être considérablement réduit.

Au lieu d'être les arbitres et les maîtres de la consommation et de la production, ils doivent être ramenés à une fonction tout à fait subordonnée, devenir de simples commissionnaires aux ordres des producteurs et des consommateurs, et placés sous leur double contrôle[1].

1. « Le commerce est la fonction de relation intermédiaire entre la production et la consommation. Le commerce s'est chargé de recevoir les produits des mains des producteurs, et de les faire arriver entre les mains du consommateur. Il est donc évident que le commerce devrait avoir pour but de faciliter et d'augmenter la production et la consommation, dans l'intérêt du producteur et du consommateur. La fonction commerciale, en apparence secondaire et soumise aux intérêts supérieurs de la production et de la consommation, a pourtant fini par jouer le rôle le plus important en asservissant à son profit ces deux termes du mécanisme social. Le commerce est ainsi sorti de ses attributions ; il exploite et rançonne la production et la con-

En étudiant un peu attentivement la question, on reconnaît que la circulation, abandonnée à la spéculation individuelle par l'économie actuelle, est une fonction sociale.

C'est l'intérêt des producteurs et des consommateurs de se mettre directement en rapport et de bénéficier des profits considérables des intermédiaires, qui ne prélèvent pas moins de 30 et 40 pour 100 et quelquefois plus.

L'établissement de docks ou magasins généraux, avec la création de courtiers intelligents préposés au soin de mettre toutes les offres en présence de toutes les demandes, et d'empêcher toutes fraudes dans la livraison et toutes altérations dans les produits, remplacera avantageusement les intermédiaires actuels, et garantira les producteurs et les consommateurs contre les abus de la spéculation, toujours disposée à réaliser des bénéfices considérables sur la sophistication des produits et préoccupée avant tout de fausser toutes

sommation par ses spéculations, ses accaparements, ses falsifications.... Le commerce ne fonctionne plus dans l'intérêt de la production et de la consommation ; loin de là, la production et la consommation semblent n'exister que pour l'intérêt du commerce. Il y a donc usurpation flagrante. » (*Réforme du crédit et du commerce*, par Fr. Coignet, manufacturier.) — Dans cet ouvrage M. Coignet développe le système des Docks ou Magasins généraux et des Comptoirs nationaux.

les lois de l'offre et de la demande, supprimant l'offre et faisant la rareté quand elle veut vendre, forçant la demande et écrasant le marché quand elle veut acheter.

Ainsi l'agiotage sera étouffé dans son germe, le travail tendra à devenir de plus en plus la loi de la société, les classes parasites seront supprimées, le travailleur sera plus facilement mis en possession de l'intégralité du produit de son travail, la justice dans l'échange produira sûrement l'équivalence des fonctions : toutes conditions essentielles, comme nous l'avons démontré, pour établir l'égalité, la liberté et la justice dans les rapports sociaux[1].

1. L'organisation de l'échange aura pour conséquence de modifier profondément les conditions de la propriété. En effet la théorie de la propriété est étroitement dépendante de la théorie de la valeur qui l'engendre. D'autre part la propriété, dont on veut faire un droit absolu, est au contraire essentiellement subordonnée à toutes les manifestations de l'activité sociale C'est ainsi que Proudhon a démontré d'une façon très-saisissante que la propriété n'existe plus par elle-même, qu'elle n'est plus qu'une ombre, dans notre organisation économique actuelle; elle est absorbée dans la circulation : « Qu'est-ce que la propriété aujourd'hui? qu'est-elle devenue? Un titre, le plus souvent nominal, qui ne tire plus sa valeur comme autrefois du travail personnel du propriétaire, mais de la circulation générale ; un privilége qui a perpétuellement besoin de l'escompte, et qui, à lui seul, ainsi que les vieux titres de marquis et de baron, ne donnerait pas au porteur, crédit d'un dîner.... La propriété absorbée

Une conséquence non moins importante de cette réforme sera de rendre à la production toute une

par la circulation, la circulation s'arrêtant, la propriété n'existe plus. Le propriétaire aujourd'hui est un homme qui a des bons sur le Trésor, des rentes sur l'État, de l'argent à la Caisse d'épargne, chez le banquier ou le notaire, des créances hypothécaires, des actions industrielles, des marchandises en magasin, des maisons qu'il loue, des terres qu'il afferme. Quand la circulation est régulière et pleine, la propriété, comme privilége, vaut au propriétaire; si la circulation est suspendue, le privilége perd son effet; le propriétaire est à l'instant aussi pauvre que le prolétaire. A quoi sert la propriété urbaine ou rurale, si le locataire, si le fermier, entravés par l'immobilité universelle, n'écoulant plus leurs produits, n'échangeant plus, ne paient pas? A quoi servent les capitaux, si les producteurs n'en veulent plus, si les emprunteurs font faillite, si les dépositaires manquent à leurs engagements, si par l'absence de transactions, le capital est forcé de se consumer dans l'oisiveté. »

Jusqu'ici le capital a été le maître de la circulation, comme il est le maître du travail; mais le jour où le travail et la circulation auront secoué son joug, il devra nécessairement accepter les conditions qu'ils lui imposeront, et la propriété sera ainsi nécessairement transformée. Il faut reconnaître qu'il y a un droit d'échange supérieur à la propriété, que le propriétaire n'a pas le droit de soustraire sa propriété à la circulation générale, que par exemple il n'a pas le droit de laisser ses terres incultes. La conséquence, c'est que le moment viendra où le propriétaire, s'il ne peut ou ne veut travailler lui-même ses terres, devra les vendre, où le capitaliste, ne trouvant plus à faire valoir son capital, privé des intérêts, devra, pour vivre, anticiper sur le principal. Ainsi la propriété sera ramené à son principe qui est le travail, la terre appartiendra à celui qui la cultivera, et tout le monde travaillant pour soi, personne ne travaillera plus pour les autres. Alors la propriété, de moins en moins immobilisée s'absorbera de plus en plus dans la circulation, et elle subira une transformation complète.

classe de consommateurs actuellement improductifs, et de diriger vers un but salutaire et fécond toute une somme considérable d'efforts et de capitaux actuellement dépensés dans une agitation non-seulement stérile, mais encore funeste. « Quand on songe, dit M. Coignet, que tous les producteurs français s'épuisent de travail, qu'ils sont constamment en lutte pour créer des richesses qui passent entre les mains d'une minorité privilégiée, qui ne s'en sert que pour exploiter plus durement encore le producteur par l'hypothèque, l'agiotage, les spéculations, — on conçoit que si toutes ces richesses employées à pressurer la production pouvaient être employées à secourir, aider, développer cette même production, au lieu de l'étouffer comme aujourd'hui, il en résulterait un développement immense de la fortune publique et de l'abondance générale. »

En faisant cette réforme, on ne nuira à la liberté de personne, car il ne s'agit pas de charger l'État du monopole de la circulation et d'interdire toute concurrence. Il s'agit seulement de supprimer un rouage inutile et parasite, cause de désordre et de ruine, et de mettre les consommateurs et les producteurs, c'est-à-dire tous les citoyens en état d'établir librement leurs relations de la façon qui paraîtra la plus avantageuse à leurs intérêts.

La solution que nous proposons n'a de valeur qu'autant qu'elle est fournie par la science et qu'elle est acceptée par les intéressés. Il ne s'agit pas de contraindre personne, mais il s'agit d'enseigner à tous où se trouve leur véritable intérêt, en faisant justice de certains préjugés et de certaines erreurs qui, en créant un privilége au profit de quelques-uns, apportent des obstacles invincibles à la liberté et au bien-être de tous.

Il doit en être des voies de circulation économique comme des voies de circulation topographique. Des voies grossières et limitées ont d'abord été créées par des spéculateurs qui ont prélevé un péage sur ceux qui voulaient en profiter; mais tous les citoyens étant intéressés à la circulation, l'initiative collective a créé des grandes routes, qui se sont rattachées les unes aux autres, de façon à embrasser tout le pays dans leurs réseaux multipliés à l'infini; les perfectionnements de la locomotion ont apporté des améliorations successives qui toutes, en élargissant la sphère de l'intérêt collectif, ont eu pour effet de soustraire plus complétement les voies de circulation aux influences individuelles et locales, jusqu'à ce qu'enfin les chemins de fer les aient toutes ramenées à l'unité, supprimant tout naturellement la concurrence, en la rendant impossible et inutile.

La même chose doit arriver pour la circulation sociale, c'est-à-dire pour l'échange, et quand le résultat que nous signalons aura été atteint, on ne pourra pas plus se plaindre du préjudice porté à certains industriels qu'on ne peut se plaindre du préjudice porté aux maîtres de poste et aux voituriers par les chemins de fer, et la transformation de l'échange en fonction sociale ne sera pas plus un attentat à la liberté que ne le serait l'expropriation des chemins de fer par l'État.

CHAPITRE V

L'assurance.

L'absence de solidarité et, par suite, l'absence de sécurité, tel est le vice essentiel de notre société. Tous les rapports sociaux ayant pour objet la production, la consommation et l'échange sont organisés sur le pied de guerre. Malheur à celui qui n'a d'autres ressources que son travail, car demain le travail pourra lui manquer, la maladie ou un accident ou l'âge pourra le rendre incapable de travailler, et alors ce sera pour lui la misère la plus affreuse. On ne fait crédit qu'au riche.

Chacun ne doit compter que sur sa prévoyance individuelle. L'épargne est la seule garantie de la sécurité de l'homme et partant de sa liberté. Pour qui ne peut pas épargner, parce que son salaire est insuffisant, il n'y a ni sécurité ni liberté.

Mais si l'épargne garantit la sécurité individuelle, elle entretient l'insolidarité. Chacun pour soi. Tant pis pour ceux qui n'ont pas pu ou n'ont pas su épargner. La fable de la *Cigale et la Fourmi* est l'emblème de notre société. La fourmi économe est avare parce qu'elle est économe, et elle n'éprouve aucune compassion pour la légèreté imprévoyante de la cigale.

Les difficultés de la vie dessèchent le cœur, tarissent la générosité dans sa source, développent l'égoïsme. Dans les conditions de notre organisation sociale, la richesse prédispose à l'avarice.

Il n'y a pas de réciprocité entre les citoyens parce qu'il n'y a pas de solidarité entre eux. La fortune des uns est fondée sur la misère des autres; voilà pourquoi les riches ont nécessairement le cœur sec, par instinct de la conservation de leurs richesses.

Quand l'organisation du travail et de l'échange aura été modifiée sur les bases que nous venons d'indiquer, l'égalité plus grande des rapports développera la solidarité.

Les cœurs seront plus ouverts à la fraternité quand la paix aura succédé à la guerre, quand l'antagonisme social aura fait place à l'harmonie.

L'inégalité des fortunes sera tarie dans sa source. Il n'y aura plus de pauvres, mais aussi il n'y aura plus de riches. Les services s'échangeront à prix coûtant. Le bénéfice sera remplacé par la garantie de réciprocité.

La forme de la prévoyance individuelle alors ne sera plus l'épargne, mais l'assurance.

Les institutions de la mutualité offriront aux citoyens une garantie certaine contre les risques qui motivent l'épargne dans la société actuelle.

La caisse d'assurance remplacera la caisse d'épargne et en même temps l'assistance publique; car dans une société fondée sur l'égalité et la justice, la charité, forme humiliante de la protection, doit disparaître.

Tout individu malade, invalide, incapable de travailler, trouvera dans l'assurance une garantie contre la misère; la famille privée de son chef trouvera une semblable garantie, et ainsi l'héritage perdra sa raison d'être en même temps que l'épargne.

Chacun étant prémuni contre tous les risques et contre toutes les éventualités pourra dépenser son gain de chaque jour; il en résultera une vie plus large pour les individus et une circulation plus active qui accroîtra le bien-être général, tandis qu'aujourd'hui la défiance, qui est la mère de l'avarice, enlève à la circulation des capitaux importants.

Le service de l'assurance sera nécessairement un service public, parce que, devenu un des principaux rouages de l'organisation sociale, il sera indispensable que la caisse d'assurance soit mise elle-même à l'abri de tout risque et de toute catastrophe.

Du reste l'assurance individuelle pourra être complétée par une assurance sociale fondée sur la mutualité qui formera un fonds permanent destiné à réparer ces grandes catastrophes publiques, à l'occasion desquelles on recourt maintenant à l'expédient toujours insuffisant et tardif des souscriptions.

L'assurance deviendra la fonction par excellence de l'État, l'emblème de la protection collective sur l'individu, protection qui ne se manifestera plus que par des bienfaits et qui lui garantira sa liberté, cette liberté précieuse qui dans notre organisation politique et sociale actuelle est menacée par l'État plus que par tout le reste.

Il est certain que l'assurance, complétant l'organisation du travail et de l'échange, achèvera d'extirper de la société la hideuse misère, et enlèvera toute raison d'être aux grandes fortunes, aux grandes accumulations de capitaux, qui toujours ont pour origine le désir louable de se mettre à l'abri soi et les siens des accidents imprévus et de la misère qui est leur épouvantable conséquence.

Nous venons d'indiquer sommairement les principales réformes sociales. Nous avons écarté autant que possible, dans cette indication, tout ce qui eût pu sembler provenir d'une préoccupation systématique, parce que nous voulions éviter de donner prise, en quelque façon que ce soit, à l'accusation dirigée ordinairement contre les socialistes, de vouloir imposer leurs réformes sociales plus ou moins utopiques par voie autoritaire.

Nous n'attendons rien que de l'adhésion des esprits, qui est seule efficace pour opérer les réformes réelles. Ces réformes, quand elles seront mûres, s'accompliront par nos efforts mutuels. Nous ne demandons rien à l'autorité. Nous ne croyons pas que ce soit au gouvernement à nous donner la liberté ni la justice. Nous croyons, au contraire, que la liberté et la justice auront pour premier résultat de supprimer les gouvernements, tels du moins qu'ils sont organisés et qu'ils fonctionnent aujourd'hui.

Il s'agit de nous émanciper les uns par les autres en faisant régner la justice parmi nous, en introduisant la justice dans nos rapports de chaque instant.

Telle est la voie lente, mais sûre, du progrès social.

Notre stimulant sera la solidarité, dont la notion a été obscurcie par notre organisation sociale vicieuse, mais qui nous apparaît désormais comme le phare de la société régénérée.

Notre liberté dépend du développement de nos facultés et de celles des autres. Nous sommes d'autant plus libres, c'est-à-dire d'autant plus puissants et plus forts, que nous avons plus de relations avec nos semblables. L'individualisme qui isole les hommes est la cause principale de leur faiblesse, et il les réduit à l'impuissance.

Ce sont ces principes qui doivent présider aux réformes sociales que nous venons d'indiquer.

Tout ce que nous nous sommes proposé par ces indications fort incomplètes, mais que nous avons essayé du moins de rendre simples, claires et facilement intelligibles, c'est de mettre à l'ordre du jour les questions sociales, en persuadant à tous les gens de bonne foi qu'elles sont le corollaire indispensable des questions politiques, et qu'il n'y aura de réformes politiques sérieuses qu'autant qu'elles s'appuieront sur des réformes sociales réelles.

Nous ne voulons pas détourner les esprits de la préoccupation politique qui les anime; nous avons voulu seulement indiquer quelles sont les conditions essentielles de la liberté et prouver que le problème de la réalisation de la liberté politique est inséparable du problème de la réalisation de l'égalité sociale.

LIVRE IV

TRANSFORMATION DU GOUVERNEMENT ET DE LA SOCIÉTÉ

CHAPITRE PREMIER

La révolution religieuse.

Les réformes que nous venons d'indiquer doivent entraîner une transformation complète de la société et par suite du gouvernement.

Cette transformation doit nécessairement résulter de l'impulsion donnée au monde par la Révolution française qui a complétement changé tous les principes sur lesquels avait reposé jusqu'ici l'ordre politique et social.

Toutes nos hésitations, toutes nos défaillances, toutes ces péripéties de révolution et de réaction que nous subissons depuis soixante-dix ans tiennent à ce que nous avons méconnu la portée du grand mouvement révolutionnaire.

Le parti socialiste n'a pas d'autre raison d'être

que sa ferme volonté de reprendre et de conduire à son achèvement l'œuvre d'émancipation des peuples si glorieusement inaugurée en 1789.

Pour éviter de paraître exposer un système plus ou moins utopique, et pour rester sur le terrain des applications pratiques immédiates qui doit être celui d'un parti politique désireux d'exercer une influence réelle, nous avons procédé analytiquement : nous avons examiné les questions à mesure qu'elles se présentaient, et nous en avons indiqué la solution, en nous inspirant uniquement des principes généralement reconnus et admis, mais en tirant avec fermeté toute la conséquence logique de ces principes.

C'est bien de cette façon que procède le progrès dans l'humanité, lentement, progressivement, par voie de persuasion. Il ne s'impose pas au monde, il n'envahit pas d'assaut les esprit. Cette marche analytique que nous avons adoptée, aura sans doute eu pour effet de rallier beaucoup d'esprits de bonne foi et sans parti-pris, mais qu'eût indisposés, choqués et prémunis contre nous une exposition dogmatique.

Il importe maintenant de faire la synthèse du socialisme ; d'indiquer : quelles sont les idées générales desquelles procèdent toutes les réformes que nous poursuivons, quelles doivent être les conséquences définitives de ces réformes, quelle doit être la nature de la transformation politique et sociale qu'elles sont destinées à opérer.

Toute l'organisation sociale jusqu'ici a reposé sur le principe d'autorité, principe mystique, surnaturel, qui suppose la subordination de l'homme à des lois supérieures.

La vraie raison du principe d'autorité a été donnée par le droit divin. L'autorité émane de Dieu, c'est-à-dire d'un être supérieur à l'homme dont l'homme dépend, auquel l'homme doit obéir et contre lequel toute lutte serait insensée et sacrilége.

Sa forme politique logique est la théocratie; son instrument est la foi; elle annule la raison et la liberté de l'homme par la grâce. Il faut la grâce de Dieu pour éclairer la conscience et la raison de l'homme et leur permettre de s'ouvrir à la vérité, de comprendre et de pratiquer la justice.

Voilà les caractères essentiels du principe d'autorité; et ils sont nécessairement absolus: tous les tempéraments successifs qu'on a voulu y apporter sont des hypocrisies ou des inconséquences.

Si le pape ne commandait plus aux rois, les rois régnaient de par le droit divin; si les rois ont été destitués du privilége de représenter l'autorité, l'autorité a revêtu des incarnations variées; mais elle a toujours conservé son caractère surnaturel et mystique : sans cela elle ne serait pas l'autorité.

Vox populi, vox Dei: la voix du peuple est la voix de Dieu, a-t-on dit. Le caractère de l'autorité est d'étouffer toute discussion sous une force supérieure et infaillible dans ses décisions qui fait sa raison d'être.

Aussi la révolution religieuse a dû précéder la révolution politique, et elle l'a précédée effectivement. Luther a jeté le premier cri d'émancipation en proclamant le libre examen.

La souveraineté de la raison humaine a dû être reconnue comme le principe de la liberté et de l'égalité des hommes, comme le principe de l'inviolabilité de la personne humaine[1].

1. Comme il est utile d'établir par une démonstration concluante ce principe essentiel de la souveraineté de la raison individuelle, de l'infaillibilité de la raison humaine, — car c'est le principe même de la liberté, — nous pensons faire bien de citer cette page remarquable empruntée au livre de *Solidarité* par M. Hippolyte Renaud, qui est le résumé le plus complet de la doctrine de Fourier :

« Frappés des erreurs sans nombre où les esprits sont tombés, des dissentiments profonds qui les séparent sous tant de bannières ennemies, la plupart ont admis que la raison est incer-

Le Christianisme reconnaissait bien l'égalité morale des hommes, mais il en réservait la réalisation

taine! *Errare humanum est*, disaient les anciens; et les modernes répètent : Il faut se défier des lumières de la raison.

« Cependant toute question se traduit en dernier ressort au tribunal de la raison. Ceux-là même qui déclarent la raison insuffisante, qui lui ordonnent de se soumettre, ne peuvent s'adresser *qu'à elle* pour qu'elle rende *contre elle* un arrêt d'incapacité! Douter de la raison, c'est, en définitive, douter de tout; c'est se plonger dans les ténèbres, en soufflant sur la seule lumière qui les puisse illuminer....

« C'est cette question que nous examinerons d'abord, pour établir ce qui peut paraître à première vue un paradoxe : LA RAISON DE L'HOMME EST INFAILLIBLE.

« Si l'on donnait à un géomètre des instruments pour mesurer un terrain, on ne pourrait attendre de lui un résultat exact qu'autant qu'on se serait assuré de la justesse des instruments livrés.

« Dieu, en mettant l'homme sur la terre, lui a donné à mesurer et à comprendre tout ce qui se trouve en rapport avec lui, tout ce qui dépend de lui, tout ce qui exerce une influence sur ses actes et sur sa destinée.

« Pour cela il lui a donné un instrument unique : *la raison*. La raison doit donc être exacte, doit suffire à la juste appréciation des choses, sans quoi Dieu aurait irrévocablement condamné l'homme à l'erreur.

« Cependant, sans aucun doute, l'homme s'est souvent trompé, et se trompe encore chaque jour.

« Mais le géomètre aussi peut se tromper, quoique muni des instruments les plus parfaits.

« C'est que le géomètre doit apprendre à se servir de ses instruments ; c'est que l'homme doit savoir user de sa raison.

« L'œuvre de la raison est la recherche de la vérité.

« Or la vérité n'a et ne peut avoir qu'un seul caractère, c'est d'être acceptée par la raison. Une chose est vraie, *de par la rai-*

pour l'autre monde, et il consacrait ainsi dans ce monde le principe du despotisme.

« Les réformateurs indiens, chinois, égyptiens, hébreux et chrétiens se sont étrangement abusés, en prêchant les prétendues lois de Dieu, disait Anacharsis Clootz[1]. Ils ont dit que nous étions égaux devant Dieu, et que la fraternité universelle découlait de la paternité céleste. Cette erreur grave engendra le plus affreux despotisme sacerdotal et royal. Nos chaînes s'appesantirent sous la main d'une foule de pères en Dieu qui se sont sacrés, mitrés, couronnés au nom du Père éternel. On ôta la souveraineté au genre humain pour en revêtir un prétendu souverain dans le ciel.... »

Telle fut la pierre angulaire du despotisme, et tel est le dernier rempart de toutes les injustices sociales.

Il y a à ce sujet une page admirable de Feuer bach :

« C'est seulement sur le manque de justice, de sagesse et d'amour dans l'humanité, » dit le philosophe allemand, « que repose la nécessité de

son qui la proclame telle, parce que la raison est, *de droit divin*, unique et souverain juge du vrai et du faux. »

1. *Bases constitutionnelles de la République du genre humain.*

l'existence de Dieu. La vérité serait donc de rendre inutile la vie future par l'amélioration de cette vie : de sorte que l'homme ne laisse pas échapper les biens de ce monde en attendant ceux du ciel, et qu'il préfère un bonheur limité, mais réel, à une félicité infinie qui n'a d'existence que dans l'imagination.

« D'autant plus, » poursuit-il, « que si Dieu est la consolation du malheur et de la pauvreté, il est aussi le rempart des persécuteurs. — Bien sûr la religion est consolante pour moi, mais très-peu pour les autres, car elle m'apprend à supporter avec une patience chrétienne, non-seulement mes propres maux, mais encore ceux d'autrui ; surtout quand je crois, comme doit le croire un chrétien, que les malheurs de l'homme sont la volonté de Dieu, des épreuves qu'il nous envoie pour notre salut. Où serait mon droit à ne pas vouloir ce que Dieu veut ?...

« N'est-il pas ridicule de procurer à l'homme une seconde existence avant de songer à lui prêter secours dans l'existence actuelle? C'est ainsi que les chrétiens modernes, d'ailleurs si mondains et si frivoles, nous font voir par leurs preuves de l'existence future la vraie origine des maux de l'existence présente : ils sacrifient la destination réelle de l'homme à une destination imaginaire, ses besoins réels à des besoins fantastiques que l'on décore du nom de besoins religieux [1]. »

C'est ainsi que les systèmes théocratiques en sont venus à réaliser l'enfer sur la terre. — « Ne cherchez pas l'enfer hors du monde, » disait déjà le poëte latin Lucrèce, « c'est dans la société qu'il se trouve. »

C'est donc dans la société qu'il faut attaquer et détruire l'enfer; et ce n'est pas hors de ce monde, mais dans la société aussi qu'il faut réaliser le ciel.

L'ignorance et la misère des hommes a été l'origine de tous les cultes et de toutes les religions. Ce n'est pas Dieu qui a fait les hommes à son image, car il les aurait faits parfaits du premier coup; mais ce sont les hommes qui ont fait Dieu à leur image, comme l'atteste la grossièreté des premiers symboles religieux de l'humanité. A mesure que l'homme s'est perfectionné, à mesure que son idéal s'est élevé, des types religieux plus parfaits ont apparu dans le monde. La marche du développement de la religion n'est autre chose que la marche du développement de l'humanité et du développement de la science. « Les religions, »

1. Feuerbach, *la Religion*, trad. de l'allemand par Joseph Roy. Librairie internationale.

dit M. Littré, « sont la mesure du progrès des choses. »

L'homme ôte de plus en plus à Dieu pour s'attribuer de plus en plus à lui-même. Dans les temps modernes, chez un peuple civilisé, on regarde comme un don de la nature et de la raison, ce que, dans les temps primitifs, chez un peuple barbare, on regardait comme un don de Dieu. Pareillement tous les phénomènes de la nature, qui paraissaient autrefois des manifestations surnaturelles de la divinité, ont été étudiés et expliqués par là même.

« A des êtres hypothétiques chargés fictivement d'administrer le monde, et d'être l'explication des phénomènes qui s'y présentent, se sont substituées graduellement les lois immuables qui régissent ce monde et qui sont l'explication des phénomènes [1]. »

Le préjugé théologique a pour fondement le sentiment de notre dépendance. Or le but qui s'impose aux efforts de l'humanité, c'est précisément la destruction de cette dépendance ou la conquête de la liberté.

L'histoire des idées religieuses est l'histoire même de la civilisation ; plus l'idéal religieux se

1. Littré, *Conservation, Révolution et Positivisme.*

perfectionne, plus aussi il se dépouille de son caractère surnaturel et tend à se confondre dans l'idéal social et humanitaire.

L'homme, comme être naturel, n'a pas plus une destination surhumaine que les plantes, les animaux n'ont une destination au-dessus de leur nature. Chaque être est destiné à être seulement ce qu'il est, et il atteint sa destination en atteignant l'existence. La destination de l'homme, c'est d'arriver à la plénitude de son existence, par le complet développement de toutes ses facultés et la complète satisfaction de tous ses besoins. Voilà quel doit être son but, voilà quelle est la perfection suprême à laquelle il doit tendre.

Perfection n'est pas absence de besoins, comme l'enseigne le christianisme, mais bien satisfaction des besoins.

La perfection du monde n'a pas son fondement dans un être imaginaire et au-dessus de lui; elle se fonde sur ceci, que tous les êtres réels qui habitent l'univers ont besoin les uns des autres et se complètent. La société n'a pas d'autre loi que, par le travail et la science, par le développement de la solidarité entre les hommes, de réaliser un ciel terrestre [1].

1. « C'est ainsi que du ciel la société a été graduellement ramenée sur la terre.... puisque le but personnel que le théolo-

« Il s'agit maintenant, avant tout, » dit Feuerbach, qui a indiqué plus nettement qu'aucun autre philosophe le caractère véritable de la révolution religieuse moderne, « il s'agit maintenant, avant tout, de détruire l'ancienne scission entre le ciel et la terre, afin que l'humanité se concentre de toutes ses forces et de toutes ses facultés sur elle-même et sur le présent; car cette concentration seule produira une ère nouvelle, de nouveaux grands hommes, de grands caractères et de grandes actions.

« Au lieu d'individus immortels, la *nouvelle religion* demande maintenant des hommes complets, sains de corps et d'esprit. La santé a pour elle plus de valeur que l'immortalité. Le cœur, du moins le cœur vraiment sain, a ici-bas pleine et entière satisfaction.

« Tout homme doit se faire un Dieu, c'est-à-dire un but final de ses actes. Qui a un but a une loi au-dessus de lui; il ne se conduit pas seulement lui-même, il est aussi conduit par une volonté supérieure.... Quiconque a un but, un but véritable,

gisme assignait aux individus dans un séjour fictif disparaît, pour faire place à un but social, et que évidemment la société impossible à transporter dans une autre existence, ne peut être conçue que sur la terre et en vue de la terre. » Littré, *Conservation, Révolution et Positivisme.*

a, par cela même, une religion, sinon dans le sens borné de la plèbe théologique, du moins, et c'est là l'important, dans le sens de la raison, dans le sens de la vérité....

« Une ère nouvelle s'ouvre dans l'histoire du monde du moment qu'il est reconnu et avéré que la conscience de Dieu n'est que la conscience de l'humanité; que, si l'homme peut et doit s'élever au-dessus des bornes de son individualité, il ne peut pas néanmoins dépasser la mesure, les lois, les attributs essentiels de l'espèce humaine.

« Si l'être humain est pour l'homme l'être suprême, la première, la plus haute loi pratique doit être l'amour de l'homme pour l'homme. Tel est le principe, le point de vue nouveau de l'histoire. »

« Il s'agit pour la religion du Christ de s'épanouir en religion de l'humanité, » dit d'autre part Strauss.

Les positivistes ont développé cette idée en distinguant la religion d'avec la théologie, et en montrant que la religion, théologique, tant que les notions des hommes ont été théologiques, doit devenir positive, aujourd'hui que les notions des hommes deviennent positives.

« Le dogme nouveau nous révèle une grande et suprême existence, qui est notre idéal, notre poésie, notre culte : l'Humanité.... Voici venir, les temps étant accomplis, voici venir l'idéal qui n'a plus rien de fictif et qui est tout entier réel.

« *Humanité, règne, voici ton âge*, a dit le poëte en son inspiration prophétique. Oui, c'est un âge nouveau qui commence, et pour parler le langage d'un poëte dont l'inspiration prophétique ne fut pas moindre à l'aurore d'une révolution :

« Magnus ab integro seclorum nascitur ordo.

« La porte est ouverte aux grandes entreprises, aux labeurs infinis, aux conceptions qui captivent et qui absorbent. Une carrière sans bornes s'étend devant nous. Voilà un dogme, voilà un régime, voilà un culte qu'il s'agit de développer, de prouver, d'éclaircir ! Que de travaux pour la génération qui arrive ! que de fécondes préoccupations ! quel remaniement de toutes nos idées, de tous nos sentiments, de toute notre activité [1]. »

Voilà la religion nouvelle, la religion de l'humanité; voilà la morale nouvelle, fondée sur la liberté et la solidarité.

Le but de l'homme est d'obtenir par le plus

1. Littré, *Conservation, Révolution et Positivisme.*

grand développement de ses facultés la plus grande somme de satisfaction et de bien-être.

Mais la condition indispensable pour atteindre ce résultat, c'est le développement parallèle des autres hommes. L'homme est d'autant plus libre qu'il a plus de rapports avec ses semblables, libres, développés et heureux comme lui. La misère et l'ignorance des autres hommes sont des obstacles qui s'opposent à l'extension de nos jouissances, et qui menacent notre sécurité en même temps que notre bonheur. C'est la loi de solidarité qui est la loi même de la société.

Le christianisme, en faisant du *salut* personnel la seule affaire véritable, a plus que tout contribué à obscurcir cette loi essentielle de solidarité et à développer un individualisme tout à fait antisocial. « Jamais, dit fort justement M. Littré[1], un si complet système d'égoïsme n'avait été organisé dans le monde; et si de puissants instincts, et, il faut l'ajouter, la sagesse sacerdotale, n'avaient balancé en partie les effets désastreux d'une telle direction habituelle, la tendance à l'ascétisme individuel et l'aspiration au salut auraient brisé les liens sociaux. »

Religion (de *religare*) veut dire *ce qui relie, ce qui*

1. *Conservation, Révolution et Positivisme.*

rattache les hommes entre eux. La Révolution en proclamant le principe de *fraternité* à côté des principes de *liberté* et d'*égalité* a donc donné la formule par excellence de la religion : elle a rétabli la loi des rapports des hommes entre eux, si profondément altérée par la théologie, qui s'était faite en cela comme en tout le reste l'auxiliaire complaisante du despotisme.

Pour résumer en quelques grands traits la révolution religieuse, qui entraîne avec elle toute la révolution politique et sociale, il suffit de mettre en regard les dogmes sur lesquels reposait l'ancien monde, et les dogmes nouveaux qui doivent être la base du monde moderne.

Le principe d'autorité avait pour dogmes : l'infériorité originelle de la nature humaine, l'inégalité essentielle des conditions, la perpétuité de l'antagonisme et de la guerre, la fatalité de la misère.

Les dogmes nouveaux de l'humanité régénérée sont : la perfectibilité indéfinie de l'individu et de l'humanité, l'égalité des destinées, l'identité des intérêts, l'amélioration du bien-être, la souveraineté de la raison, la liberté absolue de l'homme et du citoyen.

La sauvegarde de l'ancienne société était l'ignorance; c'est la science qui doit être la sauvegarde de la société nouvelle. « La science, dit excellemment Proudhon [1], tel est maintenant le suprême effort commandé au peuple, à peine d'une éternelle servitude. Qui n'a pas l'intelligence, ne peut servir que d'instrument; qui n'a pas la conscience du droit, n'a pas droit. »

1. *Théorie de l'impôt.* Tome XV des *Œuvres complètes.* Édit. de la Librairie internationale.

CHAPITRE II

La révolution politique et sociale.

Le principe d'autorité, sur lequel a reposé jusqu'ici l'ordre politique et social, avait son fondement dans l'idée théocratique. La révolution religieuse entraîne pour conséquence la révolution politique et sociale.

L'autorité a eu son rôle à l'origine des sociétés. Ce rôle a été indiqué très-nettement par un des pères du socialisme :

« Si l'on observe la marche que suit l'éducation des individus, dit Saint-Simon, on remarque dans les écoles primaires l'action de gouverner comme étant la plus forte ; et dans les écoles d'un rang plus élevé, on voit l'action de gouverner les enfants, diminuer toujours d'intensité, tandis que l'enseignement joue un rôle de plus en plus important. *Il en a été de même pour l'éducation de la société.* »

L'émancipation de l'homme par la science doit donc clore définitivement le rôle social de l'autorité.

On a voulu expliquer et justifier l'autorité par le gouvernement paternel, et on a dit que la famille était l'embryon de la monarchie. Mais précisément l'autorité du père de famille, fondée sur l'infériorité et par suite sur la dépendance nécessaire des enfants, est essentiellement passagère et transitoire. L'autorité du père de famille doit cesser quand l'enfant est devenu un homme, et de plus elle impose au père le devoir rigoureux d'activer cette émancipation en développant les facultés de son enfant par l'éducation.

Pareillement le premier devoir des gouvernements doit être de contribuer à diminuer et à réduire leur autorité en employant tous leurs efforts à émanciper les peuples qui leur sont confiés; ils doivent préparer eux-mêmes leur propre abdication.

« Du moment qu'une nation a fait reconnaître sa souveraineté, dit Proudhon, il n'y a plus en politique qu'une chose qui lui convienne, c'est que le gouvernement, quelle qu'en soit la forme, travaille lui-même à développer l'action économique sur tous les points du pays, et à diminuer et réduire la sienne propre. »

Pour prémunir les esprits contre une source habituelle de préjugés et d'erreurs, il importe d'établir que la notion de la liberté moderne se distingue essentiellement de la notion de la liberté antique.

L'ordre nouveau qu'il s'agit de constituer ne peut avoir aucune analogie avec les républiques antiques pas plus qu'avec l'ancien régime.

La civilisation antique reposait sur la conquête, et la liberté des républiques grecque et romaine avait pour base l'esclavage.

Au début des sociétés, les hommes étaient en état de guerre, il n'y avait pas d'autre droit que le droit de la force; les soins de la défense devaient donc tenir une grande place dans les préoccupations générales : il importait avant tout d'assurer la sécurité du travail contre les tentatives des ennemis extérieurs.

On remit donc à certains hommes le soin de veiller à la préservation de la sûreté commune : on les investit du pouvoir d'exercer la police pour que l'on pût semer et recueillir en paix, et de la mission de prévenir les entreprises des ennemis du dehors. Telle a été l'origine première de l'établissement du gouvernement, et il était naturel que ceux dont le travail était ainsi garanti, donnassent un tribut sur leur travail à ceux qui étaient préposés à la défense commune. Ainsi s'est établie dans la société la distinction entre les fonctions gouvernantes et les fonctions industrielles.

Pour se rendre dignes de la mission dont ils étaient investis, pour occuper leur activité et aussi pour étendre leur pouvoir en augmentant les propriétés de la communauté, les premiers chefs des premières tribus ne devaient pas se borner à se maintenir sur la défénsive ; ils se préoccupèrent de prendre à leur tour l'offensive. De là, la conquête et l'asservissement des vaincus, pour lesquels il n'était pas de droit et vis-à-vis desquels il n'y avait pas de devoir.

C'est ainsi que l'esclavage a fait son apparition dans le monde, et les vainqueurs songèrent à se décharger du travail sur leurs esclaves, en se réservant les fonctions politiques. Ce fut le point de départ de la distinction des classes, fondée sur le mépris du travail ; les fonctions industrielles devinrent œuvre *servile*.

Le gouvernement perdit son caractère de délégation, et devint un attribut de supériorité ; le tribut au lieu d'être accordé librement fut prélevé arbitrairement, ou plutôt les produits de la terre et du travail appartenaient en entier au maître, dont les travailleurs eux-mêmes étaient la propriété, la chose.

C'est ce régime qui a plus ou moins survécu et dont il s'agit d'extirper les derniers vestiges.

Aujourd'hui l'antagonisme entre les peuples n'existe plus; par conséquent le gouvernement a perdu sa raison d'être.

Il ne lui reste plus qu'un rôle éducateur à remplir, et puis il devra disparaître.

Le rôle de la politique sera fini, et la société, ramenée à son véritable principe, n'aura plus pour objet que des rapports industriels.

La substitution du régime industriel et économique au régime gouvernemental et politique, telle est l'idée qu'il s'agit de faire prévaloir, pour remplacer l'ancien despotisme et les anciens antagonismes par le règne définitif de la liberté et de la paix.

Cette idée qui est l'idée essentielle du socialisme a été indiquée avec une remarquable netteté par Saint-Simon :

« L'espèce humaine a été appelée à vivre d'abord sous le régime *gouvernemental* et *féodal ;*

« Elle a été destinée à passer du régime gouvernemental ou militaire sous le régime *administratif* ou *industriel*, après avoir fait suffisamment de progrès dans les sciences positives et dans l'in-ustrie;

« Enfin elle a été soumise par son organisation à essuyer une crise longue et violente, lors de son passage du système militaire au système pacifique.

« L'époque actuelle est une époque de transition. »

Voilà le vrai principe de la philosophie de l'histoire, qui nous révèle ce qu'est la Révolution, à laquelle Proudhon a assigné son véritable caractère, en disant que son objet était de substituer l'organisation des forces économiques à la hiérarchie des fonctions politiques[1].

Il ne s'agit plus maintenant de changer la forme du pouvoir, il faut en changer l'application. Le gouvernement ne doit plus être qu'une administration, et cette administration ne doit plus avoir pour objet des intérêts politiques, lesquels reposent uniquement sur l'antagonisme entre la liberté et l'autorité, mais des intérêts économiques et industriels.

La politique a eu son rôle dans l'époque de transition que nous traversons : ce rôle était de dé-

1. *Idée générale de la Révolution au XIXe siècle.* Tome X des *OEuvres complètes.* Édit. de la Librairie internationale.

truire le despotisme et de conquérir la liberté; mais une fois la liberté conquise, la mission de la politique est finie, et le parlementarisme, en perpétuant indéfiniment les antagonismes politiques, n'a pas d'autre résultat que d'entretenir une stérile agitation. Voilà pourquoi le parlementarisme doit se retirer devant le socialisme.

Cette transformation du gouvernement et de la societé était entrevue par les révolutionnaires de 1789 qui avaient conscience de la portée de leur œuvre de régénération, et Mirabeau, avec cette profondeur de vue qui le caractérisait, déchirait les voiles de l'avenir dans un discours prononcé à l'Assemblée constituante, le 21 août 1790, sur les traités de la France avec l'Espagne :

« Si nous devions nous conduire aujourd'hui d'après ce que nous serons un jour, s'écriait le grand orateur révolutionnaire, si franchissant l'intervalle qui sépare l'Europe de la destinée qui l'attend, nous pouvions donner, dès ce moment, le signal de cette bienveillance universelle que prépare la reconnaissance des droits des nations, nous n'aurions pas même à délibérer sur les alliances ni sur la guerre. *L'Europe aura-t-elle besoin de politique, lorsqu'il n'y aura plus ni despotes ni esclaves?*

« Il n'est pas loin de nous peut-être ce moment où la liberté, régnant sans rivale sur les deux mondes, réalisera le vœu de la philosophie, absoudra l'espèce humaine du crime de la guerre et proclamera la paix universelle. Alors le bonheur des peuples sera le seul but des législateurs, la seule force des lois, la seule gloire des nations; alors les passions particulières, transformées en vertus politiques, ne déchireront plus par des querelles sanglantes les mœurs de la fraternité qui doivent unir tous les peuples et tous les hommes; alors se consommera le pacte de la fédération du genre humain. »

CHAPITRE III

La fédération.

La formule nouvelle de la société ainsi régénérée et transformée sera la fédération, groupement libre des citoyens, suivant leurs intérêts et leurs affinités, ayant pour loi un contrat librement débattu et individuellement consenti par tous ceux qui y participeront.

Il faut refaire sur des bases nouvelles le pacte social. Rousseau a le premier entrevu l'idée du contrat social; mais il y a cherché simplement la justification du régime autoritaire.

Il ne doit plus s'agir pour les citoyens de contracter avec le gouvernement, car nous avons vu que le gouvernement n'a plus de raison d'exister en dehors d'eux. Il ne s'agit pas non plus que les citoyens contractent entre eux pour établir un gouvernement.

Le contrat social est au contraire, dans sa signification la plus élevée, l'acte par lequel l'homme et l'homme reconnaissent leur mutuelle égalité et leur mutuelle capacité, abdiquant l'un à l'égard de l'autre toute prétention au gouvernement, et s'associent pour développer leurs forces productives et échanger des services.

La société devient ainsi une association libre au lieu d'être une hiérarchie, et le pouvoir collectif est employé non plus au gouvernement mais au développement commun.

L'idée de contrat est exclusive de celle de gouvernement. Il s'agit d'opposer la notion de la justice *commutative* à celle de la justice *distributive.*

Ces idées ont été remarquablement élucidées par Proudhon : « Ce qui caractérise le contrat, la convention commutative, c'est qu'en vertu de cette convention la liberté et le bien-être de l'homme augmentent, tandis que par l'institution d'une autorité l'un et l'autre nécessairement diminuent. Cela paraîtra évident si l'on réfléchit que le contrat est l'acte par lequel deux ou plusieurs individus s'obligent l'un envers l'autre et se garantissent réciproquement une certaine somme de produits, avantages, devoirs, etc., qu'ils sont en position de se procurer et de se rendre, se reconnaissant du reste parfaitement indépendants soit pour leur consommation, soit pour leur production. De gouvernants à gouvernés, au contraire, de quelque manière que soit constituée la représentation, la délégation ou la fonction gouvernante, il y a nécessairement aliénation d'une partie de la liberté et de la fortune des citoyens. Le contrat est donc essentiellement synallagmatique ; il n'impose d'obligation aux contractants que celle qui résulte de leur promesse personnelle de tradition réciproque; il n'est soumis à aucune autorité extérieure; il fait seul la loi commune des parties; il n'attend son exécution que de leur institution[1]. »

L'objet du nouveau contrat social devra être aussi strictement limité que l'objet de l'ancien contrat social était vaguement indéfini.

Proudhon définit ainsi le contrat fédératif: « Un contrat synallagmatique et commutatif pour un ou plusieurs objets déterminés, mais dont la condition essentielle est que les contractants se réservent toujours une part de souveraineté et d'autorité plus grande que celle qu'ils abandonnent. »

La liberté politique résultera de cette mutuelle garantie comme le reste, mais les intérêts écono-

1. *Idée générale de la Révolution au XIXe siècle.*

miques feront le principal objet des contrats de fédération. Il faudra distinguer ce qui est individuel et qui ne devra en aucune façon rentrer dans le contrat, ce qui est indivis, à propos de quoi il faudra stipuler les droits et la participation de chacun, et ce qui, pour le plus grand avantage réciproque, devra être mis en commun et être exploité en commun.

Ainsi se formeront des groupes fédératifs, se reliant les uns aux autres, et puisant dans leur solidarité une force qui les rende capables de défier toutes les hostilités et toutes les menaces; mais dans l'objet restreint de leur institution ils n'absorberont plus l'homme tout entier et seront spéciaux à un certain avantage à réaliser ou à un certain but à atteindre.

Chaque individu pourra appartenir à plusieurs groupes, et des contrats pourront à leur tour survenir entre ces divers groupes.

Un arbitrage sera institué pour résoudre les difficultés qui pourraient se présenter sur l'interprétation et l'exécution du contrat.

Mais il ne faut pas oublier que le contrat étant essentiellement libre et volontaire, tout individu et tout groupe aura, en tout état de cause, le droit de se retirer et de refuser ses services, en renonçant pareillement, cela est bien entendu, à tout concours de la part de ses anciens associés ou fédérés.

L'idée de fédération politique a gagné beaucoup de terrain depuis quelque temps, et il a été parlé maintes fois parmi les démocrates d'une confédération européenne, autrement dit des *États-Unis d'Europe*. Mais sous cette désignation on ne paraît pas avoir jamais compris autre chose qu'une alliance entre tous les États, grands et petits, existant actuellement en Europe, sous la présidence permanente d'un congrès. On laisserait subsister toute l'ancienne organisation politique avec le rouage autoritaire. Car, pour la plupart des démocrates, la république même n'est qu'un mot, et ils tournent ainsi toujours dans le cercle vicieux de la politique. Tous ceux qui nous ont suivi comprendront l'abîme qui existe entre cette idée et la nôtre.

D'autre part, l'idée de fédération est suspecte au parti révolutionnaire, parce qu'elle a souvent servi dans le passé et qu'elle sert encore dans le présent à couvrir certaines menées réactionnaires. Il est certain d'ailleurs que, tant que subsiste la lutte, une grande cohésion doit subsister entre tous les combattants, et l'unité devient l'emblème même de la solidarité.

Mais la fédération n'est indiquée ici que comme la formule de réorganisation, lorsque la révolution sera achevée, lorsque les idées de *patrie* et de *nationalité* auront disparu avec la distinction des classes et l'antagonisme des peuples.

A ce point de vue, elle est au fond de tous les systèmes socialistes, au fond de la commune des communistes, de la phalange des phalanstériens.

Il s'agit d'opposer un gouvernement naturel et spontané aux gouvernements arbitraires qui jusqu'ici ont maintenu les antagonismes dans le monde, parce qu'ils reposent précisément sur ces antagonismes, parce qu'ils puisent dans la perpétuation de ces antagonismes leur principale et leur unique raison d'être.

Le groupement fédératif, reposant sur l'idée de contrat, qui implique le libre consentement et la complète réciprocité des contractants, représente la formule sociale la plus parfaite; car, faisant définitivement justice de tous les préjugés autoritaires et de toutes les compétitions gouvernementales, elle consacre la liberté et l'égalité de tous les citoyens, en même temps qu'elle assigne pour objet à leur association le plus grand développement de leurs facultés et l'universalisation du bien-être.

Proudhon a pu dire, sans exagération, que « l'idée de fédération est certainement la plus haute à laquelle se soit élevé jusqu'ici le génie politique ».

C'était aussi l'opinion de Montesquieu, et nous ne pouvons mieux terminer qu'en plaçant sous la protection de ce grand génie l'idée qui doit être le couronnement de notre programme socialiste :

« Il y a grande apparence, dit Montesquieu (*Esprit des lois*, liv. IX, chap. I), que les hommes auraient été à la fin obligés de vivre toujours sous le gouvernement d'un seul, s'ils n'avaient imaginé une manière de constitution qui a tous les avantages intérieurs du gouvernement républicain et la force extérieure du gouvernement monarchique. Je parle de la république fédérative.

« Cette forme de gouvernement est une convention par laquelle plusieurs corps politiques consentent à devenir citoyens d'un État plus grand qu'ils veulent former; c'est une société de sociétés, qui en font une nouvelle qui peut s'agrandir par de nouveaux associés, jusqu'à ce que sa puissance suffise à la sûreté de ceux qui se sont unis.

« Cette sorte de république, capable de résister à la force extérieure, peut se maintenir dans sa grandeur sans que l'intérieur se corrompe. *La forme de cette société prévient tous les inconvénients.* »

POST-SCRIPTUM

En moins de temps qu'il n'en a fallu pour écrire et imprimer ce livre, l'Empire parlementaire, bâti sur le sable, c'est-à-dire sur la base mouvante de l'inconséquence que nous avons dénoncée, s'est écroulé.

Le plébiscite, résolu et exécuté sans aucune intervention du parlement, est la négation la plus radicale du principe essentiel du parlementarisme.

La prorogation du Corps législatif, pendant que le pouvoir exécutif allait élaborer le plébiscite avec le concours du Sénat, eût été un véritable coup d'État; la retraite volontaire du Corps législatif a été une abdication. Le résultat est le même.

L'expérience a ainsi tourné à la confusion des parlementaires, qui s'étaient livrés inconsidérément, sans prendre aucune garantie, et la première et indispensable garantie eût dû être la dissolution du Corps législatif, nommé sous le régime autoritaire.

L'expérience a tourné pareillement à la confusion de la gauche, qui s'était empressée d'apporter son adhésion, sur de vagues promesses, et aucun gouvernement, l'Empire moins que tout autre, n'a jamais épargné les promesses. Il fallait une bien grande naïveté pour croire aux paroles d'un ministre qui répudiait la candidature officielle sans, immédiatement, dissoudre le Corps législatif, issu de la candidature officielle, pour procéder à de libres élections.

Ce qui peut consoler les uns et les autres, c'est qu'il ne nous paraît pas davantage que cette expérience puisse tourner à la consolidation de l'Empire, contre lequel elle va réveiller des défiances qui seront désormais incurables, et des hostilités qui seront désormais irréconciliables.

Les partis pardonnent à un gouvernement qui les a subjugués, mais ils ne pardonnent pas à un gouvernement qui les a joués.

Pour ce qui est du plébiscite en lui-même, ceux qui nous ont lu attentivement ont certainement compris que nous n'étions pas partisan du gouvernement direct, qui peut être une forme de gouvernement supérieure au parlementarisme, mais qui en somme aboutit toujours au même résultat, de consacrer l'asservissement du peuple par son propre consentement.

Dans tous les cas, il y a fort loin, comme on l'a fait observer, du plébiscite, question unique posée capricieusement et arbitrairement, quand il lui plaît et comme il lui plaît, par le représentant du pouvoir exécutif, au gouvernement direct, système dans lequel toutes les lois et toutes les décisions un peu importantes sont soumises au vote populaire.

Mais, à prendre le système plébiscitaire tel qu'on nous le présente, si l'on veut en pratiquer l'expérience dans les conditions de sincérité, c'est-à-dire de logique, qui seules peuvent lui donner quelque valeur et quelque autorité, il est indispensable que, pendant la période plébiscitaire, règne une complète liberté de discussion, à laquelle aucun citoyen ne soit empêché de participer, parmi ceux-là surtout qui à tort ou à raison passent pour avoir quelque influence sur le peuple.

Il faut donc, d'abord et avant tout, ouvrir les prisons politiques, et lever les condamnations ou les poursuites qui retiennent plusieurs citoyens à l'étranger.

Il faut ensuite suspendre complétement pendant cette période l'action des lois répressives des délits de discussion, des délits de parole et des délits de presse, afin que chacun puisse dire ce qu'il pense, sans redouter d'être inquiété.

Il faut enfin, pendant la période plébiscitaire, supprimer le timbre des écrits politiques et le cautionnement des journaux, afin que tout citoyen ait une liberté complète de publier sa pensée, sous telle forme qui lui paraîtra la plus avantageuse![1]

Si ces conditions essentielles de liberté ne protégent par la sincérité du vote, les adversaires de l'Empire auront toujours le droit de dire, et ils n'y manqueront pas, que le plébiscite n'a été qu'une manœuvre du pouvoir per-

1. Il y a un précédent qui montre qu'il n'y a rien d'exorbitant dans cette réclamation. La loi du 2 avril 1849 dispensait de verser un cautionnement tout nouveau journal publié pendant *les quarante cinq jours* précédant les élections générales. En outre, tout citoyen pouvait, sans avoir besoin d'aucune autorisation municipale, afficher, crier, distribuer et vendre tous journaux et tous écrits ou imprimés relatifs aux élections, à la seule condition que ces journaux, écrits ou imprimés seraient signés de leurs auteurs et déposés. — Faisons observer en passant que la réduction de la période plébiscitaire à *dix jours*, comme l'intention en a été annoncée, rendrait purement illusoire toute la liberté qui pourrait être laissée.

sonnel aux abois, et qu'il n'a aucune valeur, parce que ceux qui étaient appelés à contracter n'ont pu être éclairés sur le contrat ni le discuter librement.

Il est certain que, dans de telles conditions, tous les hommes prévoyants et sages, qui ne veulent pas engager l'avenir, s'abstiendront, de façon à ce que l'on ne puisse pas plus tard leur opposer le pacte intervenu. Car celui qui vote *non* accepte par le fait le résultat du vote, quel qu'il soit, et il doit se soumettre de bonne grâce si la majorité vote *oui*, comme ceux qui ont voté *oui* eussent dû s'incliner si la majorité eût voté *non*. Tandis que celui qui s'abstient se réserve le droit de protester sans inconséquence, en refusant d'accepter les chances d'un contrat aléatoire.

Au milieu de la confusion des idées et des partis, à laquelle les dernières circonstances ont mis le comble, c'est plus que jamais le cas d'arborer le programme socialiste, qui peut seul procurer, par des réformes politiques et sociales radicales, une satisfaction légitime aux intérêts des travailleurs, si gravement compromis, et résoudre le problème de la liberté, en lui donnant la justice pour base, et le bien-être universel pour couronnement.

Le gouvernement et les partis s'agitent; mais la politique a fait son temps, et c'est toujours au socialisme qu'il faudra tôt ou tard en arriver, car c'est au peuple que désormais appartient le dernier mot.

Paris, 16 avril 1870.

FIN

TABLE DES MATIÈRES

Préface..

LIVRE PREMIER.

CONDITIONS DE L'ÉTABLISSEMENT DE LA LIBERTÉ.

Chap. I. Caractère vague et équivoque de l'Union libérale.. 1
Chap. II. Le gouvernement parlementaire ou représentatif. 7
Chap. III. Qu'est-ce donc que la liberté?.................. 19
Chap. IV. La liberté individuelle......................... 25
Chap. V. La liberté de la presse.......................... 32
Chap. VI. La liberté de réunion et d'association........... 50
Chap. VII. L'institution du pouvoir judiciaire.............. 62
Chap. VIII. Comment la séparation de la justice et de l'État est là garantie suprême de la liberté 85

LIVRE II.

LES RÉFORMES POLITIQUES.

Chap. I. Position de la question 93
Chap. II. Séparation de l'Église et de l'État. 96
Chap. III. Les armées permanentes et les milices nationales. 116
Chap. IV. La centralisation et les libertés locales.......... 142
Chap. V. L'impôt.. 164

LIVRE III.

LES RÉFORMES SOCIALES.

CHAP. I. L'inégalité sociale.............................. 179
CHAP. II. L'instruction intégrale.......................... 206
CHAP. III. Organisation du travail......................... 220
CHAP. IV. Organisation de l'échange..................... 242
CHAP. V. L'assurance....................................... 254

LIVRE IV.

TRANSFORMATION DE LA SOCIÉTÉ ET DU GOUVERNEMENT.

CHAP. I. La révolution religieuse.......................... 261
CHAP. II. La révolution politique et sociale.............. 277
CHAP. III. La fédération.................................... 285
POST-SCRIPTUM... 293

FIN DE LA TABLE DES MATIÈRES

11264. — IMPRIMERIE GÉNÉRALE DE CH. LAHURE
Rue de Fleurus, 9, à Paris

www.ingramcontent.com/pod-product-compliance
Ingram Content Group UK Ltd.
Pitfield, Milton Keynes, MK11 3LW, UK
UKHW012156240726
13966UKWH00002B/378